Un año de
DULCES

Un año de DULCES

·············

Alma Obregón

Grijalbo

*A Bruno, porque has sido el único que me ha acompañado en todos
y cada uno de los instantes de creación de este libro, haciendo que sea
el más especial de todos los que he escrito hasta ahora*

A Lucas. Te quiero con locura, «lucaslocura»

INTRODUCCIÓN

Este es, sin duda, el mayor reto al que me he enfrentado a la hora de preparar un libro de recetas. Poner sobre el papel mis ideas ha sido un esfuerzo sobrehumano. Estaba en mi cabeza, sí, pero llevarlo a la práctica ha sido muy trabajoso... Vale, confesaré que quizá mi embarazo no ha ayudado. Los primeros tres meses de preparación de este libro tenía el estómago tan revuelto que ni siquiera me apetecía comer mantequilla de cacahuete... ¿os lo podéis creer? ¿Yo sin comer mantequilla de cacahuete? Y luego, cuando regresé a mi estado «estomacal» habitual... ¡mi mente pasó a estar invadida por el bebé! Sí, he sido una víctima total y absoluta del clásico «despiste de la embarazada». Encontraba el paquete de harina en el frigorífico, el molde de bundt cake entre las bolsas de chocolate... ¡qué cabeza! Pese a todo, tenía tanta ilusión por compartir con vosotros estas recetas que me he sobrepuesto y aquí os presento los que son mis dulces favoritos para disfrutar en cada época del año. Porque este libro trata de eso, de que a partir de ahora podáis disfrutar de postres adecuados no solo a vuestro gusto, sino también a las frutas de temporada y a las fechas destacadas que nos trae cada estación. Encontraréis tanto recetas clásicas españolas como recetas americanas, inglesas, alemanas... En el invierno hallaréis recetas con carácter navideño, pero también otras simplemente «para entrar en calor». En otoño, la calabaza y los frutos secos serán los protagonistas, mientras que en verano prepararéis helados y batidos como locos. Y no os perdáis la primavera, cargadita de la explosión de color y sabor de las fresas.

Espero que lo disfrutéis tanto como yo he disfrutado preparando este libro.

Con todo mi cariño,
Alma

HERRAMIENTAS

En este caso, al ser un libro con recetas tan variadas, verás que he intentado utilizar el menor número de moldes y herramientas específicas posible, para así asegurarme de que todo lo podrás hacer en casa sin problema alguno. En todo caso, aquí van algunos consejos generales:

➡ Horno: En todas las recetas que llevan horno recomiendo su uso con calor arriba y abajo, sin ventilador, y con la bandeja en la mitad inferior. Esto nos asegura una cocción más uniforme y con mejor resultado en repostería. Si tienes ventilador sí o sí, entonces te recomiendo que reduzcas la temperatura en unos 20 °C para evitar que la preparación se haga demasiado rápido y se reseque. En todos los casos suelo poner el molde sobre la rejilla, pero si solo tienes bandeja no pasa nada, puedes hornear sobre la bandeja.

➡ Báscula: Lo más importante para que tus recetas sean un éxito es que te asegures de pesar bien todos los ingredientes. Para ello es imprescindible que uses una báscula, si es digital mejor que mejor. Olvídate de jarras medidoras, salvo para los líquidos.

➡ Moldes: Intenta utilizar moldes robustos y de buena calidad y asegúrate de engrasarlos muy bien (¡salvo que se indique lo contrario, como en el angel food!). En algunos casos te indicaré además que los forres con papel de horno. Es importante que no te olvides de hacerlo ya que, en postres como el brazo de gitano o el tronco de Navidad, el papel de horno es nuestro principal aliado para el posterior desmoldado del bizcocho.

➡ Termómetro: Imprescindible para algunas de las preparaciones de este libro. Hay un montón de tipos distintos de termómetro (y gran variedad de precios), así que puedes comprar desde uno sencillo de cristal hasta uno digital (¡o incluso por infrarrojos!). En cualquier caso, te será muy útil para no tener problemas con el merengue, las nubes o el aceite de los donuts.

➡ Manga pastelera y boquillas: Yo utilizo siempre mangas pasteleras desechables porque resulta más higiénico. La única excepción serían los churros, ya que si los vas a hacer con manga en lugar de con churrera, ha de ser de tela (o se derretirá si no es de un plástico muy firme). Las boquillas que empleo son fáciles de encontrar en cualquier tienda de repostería. Igualmente, te recomiendo que uses boquillas metálicas, que son más robustas y duraderas que las de plástico.

⇒ Picadora o robot de cocina: Soy muy fan de usar una picadora o robot de cocina para preparar tanto las masas tipo crumble como la masa quebrada o las masas para tartaletas. Al usar la picadora, la mantequilla fría se integra de la mejor manera con el resto de los ingredientes para que la textura sea luego perfecta. Con una picadora básica te bastará para hacerlo.

⇒ Batidora: Gran parte de las recetas de este libro pueden prepararse sin ayuda de la batidora, simplemente usando unas varillas de mano. Sin embargo, es cierto que el uso de una batidora nos ahorra tiempo y trabajo, sobre todo en las recetas que implican montar nata o claras a punto de nieve. En todo caso, siempre que menciono una batidora puedes usar un robot tipo amasadora (con la pala para masas y las varillas o el globo para cremas) o una batidora eléctrica de dos varillas.

⇒ Cucharaditas y cucharadas: Generalmente uso cucharaditas o cucharadas para evitar que te vuelvas loco con la báscula. Ten en cuenta que todas las medidas usadas en este libro son estándar: las cucharaditas se miden usando la cucharilla de 5 ml y las cucharadas, usando la cuchara de 15 ml, siempre rasas.

INGREDIENTES

En este libro me he esforzado por utilizar ingredientes fáciles de encontrar y muchos de ellos de temporada. En todo caso, te resuelvo algunas dudas que quizá te puedan surgir con respecto a los ingredientes más comunes:

⇒ Harina: En todas las recetas, salvo que se especifique lo contrario, he usado harina floja (conocida también como común o de repostería), que es la que tiene un contenido de proteína inferior al 10 % y es la más fácil de encontrar. Si usas una harina específica de repostería, comprueba que no sea bizcochona (que no lleve levadura incorporada) ya que alteraría todos los ratios de impulsor que aparecen en el libro. En las recetas en las que se especifica el uso de harina de fuerza (contenido de proteína superior al 12 %) es importante que la uses, ya que es la mejor para bollería.

⇒ **Levadura química, de panadero y bicarbonato:** Creo que las levaduras e impulsores son los ingredientes que más quebraderos de cabeza generan. Vamos allá:

- Levadura de panadería: Formada por hongos microscópicos, tiene la capacidad de producir gas al fermentar las masas, y así logra que se hinchen. Existe en dos formatos: levadura fresca (a la venta en la sección de refrigerados) y levadura seca. Si una receta te pide levadura seca pero la utilizas fresca, deberás poner siempre el triple de cantidad y, a la inversa, si te pide levadura fresca y usas levadura seca, pon siempre un tercio de lo que te pide (9 g de levadura fresca = 3 g de levadura seca).

- Levadura química (Royal): Pese a su nombre, la levadura química no es tal, ya que no produce ninguna fermentación en las masas. En realidad es un producto químico, un impulsor, que provoca una reacción que hace que las masas se llenen de gas y se hinchen durante el horneado. Usar esta levadura en masas de bollería como los rollos de canela o el roscón es igual a un fracaso absoluto. Por cierto, un dato curioso: un exceso de levadura no hace que un bizcocho suba más, sino que puede producir que se hunda dentro del horno por exceso de gas.

- Bicarbonato sódico: Es otro impulsor, mucho más potente, y no intercambiable con la levadura química. Genera masas más jugosas pero puede alterar el sabor de las mismas si se usa de manera incorrecta. Mientras que la levadura química es una combinación de ácido y base que reacciona a la humedad y al calor generando gas (y haciendo que se hinchen las masas), el bicarbonato está compuesto solo por la base y requiere de un ácido para su activación (y para neutralizar su regusto químico). Esto hace que no se pueda sustituir levadura por bicarbonato y viceversa.

⇒ **Azúcar:** Principalmente uso azúcar blanco y azúcar de caña integral (panela) en mis recetas. Si quieres usar azúcar moreno sustituyendo al blanco, las cantidades son las mismas, pero cuidado si usas panela para sustituir al azúcar blanco: la panela endulza menos y tiene un sabor potente a melaza que puede cambiar el gusto de las recetas. Yo te aconsejo no sustituir al cien por cien el azúcar blanco por panela, sino, mejor mitad y mitad.

⇒ **Huevos:** En todas mis recetas uso huevos camperos de tamaño mediano (M).

⇒ Mantequilla: Asegúrate de usar siempre una mantequilla sin sal con un 82 % de materia grasa. Utilizar mantequillas light, tres cuartos o fáciles de untar puede dar unos resultados inesperados y, sobre todo en el caso de las cremas, suponer un absoluto fracaso.

⇒ Aceite: Yo suelo usar aceite de oliva suave, pero puedes usar otro aceite suave a tu gusto.

⇒ Leche: Puedes usar leches vegetales o leche sin lactosa para sustituir la leche en la mayor parte de las recetas de este libro.

⇒ Chocolate: Cuando hablo de chocolate negro me refiero a un chocolate negro con un porcentaje del 64-70 % de cacao. En el caso de las recetas de ganache, si quieres sustituirlo por chocolate blanco o con leche tendrás que aumentar el porcentaje de chocolate al doble para lograr una consistencia similar.

⇒ Glucosa: Se vende en tiendas de repostería, pero puedes sustituirla por sirope de maíz si te resulta más fácil de encontrar. También puedes usar miel, aunque cambiará el sabor final.

⇒ Otros ingredientes: La mayoría de los ingredientes que he utilizado en este libro los puedes encontrar en tu supermercado más cercano. Si alguno se te resiste, prueba en tiendas de repostería especializadas o en herbolarios y verás que los encuentras todos.

PRIMAVERA

PANNACOTTA
DE DULCE DE LECHE

Este postre italiano, cuyo nombre significa literalmente «nata cocida», es uno de los más fáciles y resultones que aparecen en este libro. Su cremosidad y versatilidad hacen que triunfe siempre. En este caso, he preparado mi pannacotta con dulce de leche (sí, lo sé, ¡irresistible!), pero puedes omitir el dulce de leche y servir las pannacottas con mermelada de fresa o lemon curd. (¡No olvides que tienes las recetas de ambas preparaciones en las páginas 38 y 44 de este libro!)

Para 4 personas
200 ml de leche
300 ml de nata de montar de 35 % MG
2 cucharadas de azúcar
3 hojas de gelatina (6 g)
3 cucharadas de dulce de leche

Comenzamos por hidratar la gelatina: cortamos las hojas en trocitos y las ponemos a remojo en un vaso con agua bien fría. Esperamos hasta que se hinchen y se ablanden.

Mientras tanto, calentamos la leche, la nata, el dulce de leche y el azúcar sin dejar de remover, hasta que alcancen aproximadamente unos 50 °C y todos los ingredientes estén integrados.

En ese momento retiramos del fuego y añadimos la gelatina hidratada y escurrida. Vertemos la preparación en vasitos o flaneras y enfriamos en el frigorífico unas 4 horas.

Una vez fría, podemos desmoldarla (si hemos usado flaneras) o presentarla en los propios vasitos, decorada con un poco más de dulce de leche.

PAVLOVA DE ROSAS Y PISTACHO

¿Qué hay más primaveral que las flores? En este caso degustaremos la maravillosa combinación de las rosas y el pistacho en forma de pavlova. Para la decoración puedes usar pétalos de rosa cristalizados, pero te aconsejo que los pruebes antes, ya que para muchas personas el sabor es demasiado intenso y les arruina el conjunto. Yo suelo usar praliné rosa troceado, que es muy fácil de encontrar en la sección de repostería de los supermercados y queda muy, muy vistoso.

Para el merengue

4 claras de huevo
160 g de azúcar blanco
80 g de azúcar glas
colorante rosa en pasta
2 cucharaditas de aroma de rosas (o rosa en pasta)

Para el relleno

200 ml de nata de montar de 35 % MG
azúcar glas al gusto
un puñado de pistachos crudos
pétalos de rosa cristalizados o praliné rosa troceado

Comenzamos preparando el merengue. Precalentamos el horno a 100 °C con calor arriba y abajo, sin aire. Montamos las claras a punto de nieve usando unas varillas. Cuando empiecen a hacer espuma, incorporamos el azúcar blanco poco a poco, de forma continua. En cuanto comiencen a formarse picos blandos incorporamos el colorante rosa, sin pasarnos, para darle un toque de color, y el aroma de rosas. (Si vas a usar rosa en pasta, no pongas colorante, ya que la propia pasta de rosas añadirá color.)

Una vez que tengamos un merengue firme, brillante, de pico duro, lo retiramos de la batidora e incorporamos el azúcar glas con ayuda de una lengua, haciendo movimientos envolventes para que no se baje.

Apenas tengamos listo el merengue, lo vamos a hornear. Preparamos una bandeja de horno cubriéndola con papel de horno o una lámina de silicona y extendemos el merengue dándole forma rectangular. Horneamos durante 2 horas. Después, apagamos el horno y lo dejamos dentro hasta que el horno se enfríe.

En cuanto esté frío, lo despegamos del papel de horno y lo traspasamos al plato que vayamos a usar. Justo antes de servir, montamos la nata incorporando el azúcar glas al gusto. Extendemos la nata sobre el merengue y decoramos con los pistachos y el praliné rosa troceado (o con pétalos de rosa cristalizados, si lo prefieres).

CUPCAKES DE FRESAS Y ALMENDRAS

La combinación de fresas y almendras es, quizá, una de las más deliciosas (y repetidas) en el mundo de la repostería. En este caso, la traigo en forma de cupcakes, incorporando fresas naturales tanto en el bizcocho como en la crema de decoración. Por cierto, no te pierdas la crema: la he preparado usando una de mis técnicas favoritas (la de la crema de harina), que proporciona una textura suave, sedosa y muy ligera.

Nota

Como siempre, para los más intrépidos, os dejo una idea: preparad un almíbar calentando 50 ml de agua con 50 g de azúcar. Cuando hierva, retiradlo del fuego e incorporad 50 ml de amaretto. Utilizad este almíbar para empapar los cupcakes nada más salir del horno. Les dará un toque muy especial ¡y delicioso!

Para 12-14 cupcakes

100 ml de aceite
100 g de azúcar de caña integral (panela)
100 g de azúcar blanco
3 huevos medianos
100 g de harina
100 g de almendras molidas (harina de almendra)
1 ½ cucharaditas de levadura química
100 ml de leche de almendras
80 g de fresas

Para la crema

4 cucharadas rasas de harina
220 ml de leche
250 g de mantequilla a temperatura ambiente
150 g de azúcar glas
80 g de fresas picadas

1 Comenzamos preparando la crema: mezclamos la harina con la leche tibia hasta que no haya ningún grumo. Calentamos sin dejar de remover para obtener una bechamel un poco gordita. Dejamos enfriar, cubierta con film transparente a piel hasta que vuelva a temperatura ambiente.

2 Precalentamos el horno a 180 ºC. En un bol batimos los huevos con el aceite, la panela y el azúcar blanco, a fin de obtener una mezcla bien homogénea. Incorporamos la harina, tamizada con la levadura química. Una vez mezclado, añadimos las almendras y la leche de almendras.

3 Cuando tengamos una masa homogénea, incorporamos las fresas, lavadas y cortadas en trozos. Es importante que los trozos no sean muy pequeños, ya que luego al hornearse, por efecto de los ácidos de la fruta, daría la sensación de que los cupcakes están poco hechos. Mejor trozos hermosos.

4 Repartimos la masa en las cápsulas y las horneamos durante 20-22 minutos. Controlamos el horneado: si los cupcakes suben «en punta» significa que el horno está demasiado fuerte. Si, por el contrario, se hunden al sacarlos del horno, es que nos hemos quedado cortos.

5 Una vez horneados, sacamos los cupcakes: para saber si están hechos solo tienes que pincharlos con un palillo. Si sale limpio, ¡están! Los colocamos sobre una rejilla para que se enfríen por completo.

6 Mientras tanto, batimos la mantequilla con el azúcar glas con las varillas hasta que se aclare y quede bien aireada. Bajamos la velocidad y vamos añadiendo la bechamel poco a poco para lograr una crema suave y sedosa.

7 Incorporamos las fresas y batimos 3 minutos a máxima velocidad. Es importante este punto, ya que hará que las fresas suelten sus jugos y se incorporen por completo a la crema.

8 Colocamos la crema en una manga pastelera con una boquilla de estrella abierta. Es importante que no sea una boquilla estrecha, o los trozos de fresa la atascarán. Decoramos realizando una espiral de fuera hacia dentro en el sentido de las agujas del reloj.

MACARONS DE FRESA Y PISTACHO

Los macarons son un reto para cualquier pastelero (profesional o aficionado) y se necesitan unos cuantos intentos para conseguir la perfección. En mi caso, la primera vez que intenté prepararlos conseguí un solo macaron (del tamaño de la bandeja). La segunda los achicharré y las sucesivas veces la lié de diferentes maneras. Finalmente, un día comenzaron a salirme bien… ¡y desde entonces hasta hoy! El truco es lograr la consistencia adecuada de la masa (ni muy líquida ni muy densa) y, sobre todo, dominar el horno. Por eso, aunque tu primera vez resulte un fracaso, no te rindas. Todos hemos estado allí. Sigue intentándolo y lo lograrás. ¡Palabra de obsesa de los macarons!

Nota

Si no te gusta el pistacho, omítelo y usa 150 g de almendras molidas. ¡Serán unos macarons clásicos al cien por cien!

Para 45 macarons (90 mitades aproximadamente)
125 g de almendras molidas
25 g de pistachos molidos
150 g de azúcar glas
4 claras de huevo
50 g de agua
150 g de azúcar
1 cucharada extra de azúcar
colorante verde pistacho en pasta o gel

Para la crema de mantequilla a la francesa
3 yemas de huevo
45 ml de agua
135 g de azúcar
210 g de mantequilla a temperatura ambiente
1 cucharada de rosa en pasta
mermelada de fresa casera

1 Ponemos a montar 2 claras de huevo. Mientras tanto calentamos en un cazo el agua con el azúcar. Cuando las claras se empiecen a montar, incorporamos la cucharada extra de azúcar. Seguimos batiendo mientras esperamos a que el almíbar alcance los 112-114 °C.

2 Lo vertemos muy poco a poco sobre las claras montadas, sin dejar de batir, como si fuera un hilillo (con cuidado de que el almíbar no caiga en las varillas de la batidora). Seguimos batiendo hasta que el merengue esté brillante. Incorporamos el colorante verde pistacho.

3 Seguimos batiendo y, mientras el merengue regresa a temperatura ambiente, trituramos unos segundos las almendras con el azúcar glas y los pistachos, con la picadora (a falta de picadora, tamizamos todo junto dos veces), hasta que se integren. Agregamos las otras 2 claras a la mezcla.

4 Cuando la mezcla sea homogénea, añadimos el merengue y mezclamos de nuevo con ayuda de una lengua de silicona. Tendremos que hacer bastante fuerza para conseguir la consistencia perfecta, si bien hay que procurar no licuar mucho la masa, que debe quedar densa y brillante.

5 Con ayuda de una manga pastelera y una boquilla n.º 12 (Wilton) repartimos círculos de 3-4 cm sobre una bandeja cubierta de papel de horno. Golpeamos un par de veces la bandeja contra la mesa para que desaparezcan las burbujas. Dejamos reposar hasta que al tocarlos estén secos.

6 Para la crema, batimos las yemas en el bol de la batidora, a velocidad media alta. Mientras tanto, calentamos el azúcar con el agua en un cazo, hasta que alcancen 118-120 °C. Entonces, lo vertemos poco a poco (y sin que toque las varillas de la batidora) sobre las yemas.

7 Seguimos batiendo hasta que la mezcla esté totalmente a temperatura ambiente (unos 5-10 minutos, dependiendo de la batidora). En ese momento, añadimos poco a poco la mantequilla. Batimos 5 minutos hasta que la crema gane consistencia. Añadimos la rosa en pasta.

8 Horneamos los macarons a 140 °C durante 12-15 minutos o hasta que al tocarlos no se muevan. Dejamos enfriar antes de despegarlos. Rellenamos los macarons con una manga pastelera con boquilla de estrella pequeña, colocamos la mermelada en el centro y ponemos la tapa.

BIZCOCHO DE YOGUR

Cuando era pequeña mi madre preparaba muchísimo este bizcocho.
Basado en una receta que había encontrado en un libro de Karlos Arguiñano,
lo preparaba en un molde redondo que recubría con rodajas de manzana reineta.
En cuanto salía del horno, yo procedía a robar el mayor número de rodajas
de reineta posible antes de que me echaran la bronca por tragona.
Lo recuerdo como uno de los mayores placeres de mi infancia y hoy
lo preparo en moldes de bundt, que hacen que resulte aún más
vistoso. Eso sí, ¡a mí nunca me sabe tan bien
como cuando lo preparaba mi madre!

**Para un molde de bundt cake de 10 tazas
o un molde redondo de 25 cm
con agujero en el centro
(llamado de savarín o corona)**
1 yogur de limón, cuyo bote se toma como medida
1 medida de aceite
2 medidas de azúcar blanco
3 medidas de harina
4 huevos medianos
1 sobre de levadura seca de panadería (7 gramos)

Para el glaseado
250 g de azúcar glas
un chorrito de nata de montar o cocinar
3 fresas para decorar

Precalentamos el horno a 170 °C y engrasamos el molde con espray desmoldante o mantequilla y harina.

Separamos las claras de las yemas. Montamos las claras a punto de nieve, e incorporamos poco a poco el azúcar. Batimos hasta tener un merengue que haga picos blandos. Reservamos.

A continuación, batimos con unas varillas las yemas con el aceite y el yogur. Incorporamos la harina, tamizada con la levadura, y lo mezclamos muy bien. Añadimos la mitad de las claras a la mezcla de yemas y batimos enérgicamente con las varillas hasta que se integren. Vertemos esta mezcla sobre el resto de las claras y ahora, con mucho cuidado de que no se bajen, mezclamos todo con movimientos envolventes.

Llenamos con la masa el molde para bundt cake y horneamos en torno a 35-40 minutos, o hasta que al pinchar con un palillo este salga limpio.

Para preparar el glaseado, tamizamos el azúcar glas en un bol e incorporamos la nata líquida poco a poco. Removemos con unas varillas y ajustamos la consistencia (añadiendo más o menos nata) hasta que sea similar a la de un yogur griego. Usamos el glaseado para decorar el bizcocho una vez frío. Podemos rematar con unas fresas de temporada.

ANGEL FOOD CAKE

Durante años estuve viendo recetas del angel food cake en los libros de cocina americanos que me compraba y, en cambio, nunca acababa de decidirme a hacerlo. «¡Miles de claras!», pensaba. «Pero ¿se han vuelto locos?» Sin embargo, un día decidí lanzarme a probarlo (ya que me habían sobrado 6 claras de hacer el lemon curd cuya receta aparece en la página 44) y… ¡Dios! No me extraña que esta tarta tenga un nombre tan angelical. Es simplemente mística. Su ligereza (y su sabor) hace que un solo bocado te traslade al cielo. Ojo, hay que tener cuidado con la cocción porque si lo dejas poco hecho sabrá a algo que no se parece en nada a la comida de los ángeles… ¡sabrá a huevo crudo! Ah, y otra cosa. Pase lo que pase, aunque te coaccionen, te sobornen o te apunten con una pistola… ¡no abras la puerta del horno durante la cocción! ¡El bizcocho se bajaría de inmediato!

Nota

Cambia el sabor de este angel food de manera muy sencilla añadiendo la ralladura de un limón o de una naranja… también puedes usar extractos o aromas a tu gusto. ¡Incluso se puede teñir con colorantes en pasta o gel!

Para un molde de angel food cake de 18 cm
6 claras de huevo
60 g de harina
200 g de azúcar blanco
1 cucharadita de crémor tártaro
1 cucharadita de vainilla en pasta
azúcar glas y una fresa para decorar

1 Precalentamos el horno a 170 °C y NO engrasamos el molde de angel food cake. Bajo ningún concepto. Es ESENCIAL que no esté engrasado. Colocamos en el bol de la batidora las 6 claras con el crémor tártaro y comenzamos a batir a velocidad media-alta.

2 Cuando empiecen a hacer espuma añadimos poco a poco el azúcar, cucharada a cucharada, y finalmente la vainilla. (Puedes probar otros sabores cambiando la vainilla por ralladura de cítricos o té matcha, o utilizando un aroma o extracto diferente. ¡Las posibilidades son infinitas!).

3 Batimos hasta tener un merengue bien firme y brillante. En este punto podemos incorporar colorante en pasta o gel, si queremos darle un toque especial (por ejemplo, si hemos incorporado aroma de chicle, podríamos teñirlo de rosa, o si es de violetas, ¡pues, morado!).

4 Tamizamos encima la harina y mezclamos con una espátula de forma envolvente con mucho cuidado de que no se baje. Es muy importante seguir mezclando hasta que toda la harina se integre, y que no quede ningún resto de harina suelto.

5 Repartimos la masa en el molde (¡recuerda, no engrasado!) hasta arriba, con cuidado de no dejar burbujas, y horneamos durante 40 minutos. No abriremos el horno para comprobar que está hecho antes de que pasen 35 minutos o corremos el riesgo de que se baje.

6 Nada más sacarlo del horno, colocamos el molde boca abajo, de forma que se apoye en las patitas que tiene. Esto es fundamental para que el bizcocho no se encoja. Si lo dejamos boca arriba, perderá el aire ¡y se quedará reducido a la mitad de su tamaño!

7 Una vez frío tenemos que sacarlo con cuidado. Para eso deslizaremos una espátula por los bordes del molde, despegando el bizcocho suavemente. Después ya podremos darle la vuelta, desmontar el molde y despegarlo también de la parte superior.

8 Antes de servir, lo decoramos con azúcar glas, usando un tamiz para lograr un acabado más uniforme. Además podemos decorarlo con unas fresas (o frambuesas, arándanos u otras frutas que nos gusten).

TORRIJAS

Confesaré que la experta en torrijas es mi madre. Desde que tengo memoria, cada Semana Santa nos ha deleitado con sus maravillosas torrijas caseras. De hecho, me recuerdo robando las torrijas aún sin rebozar, aprovechando algún despiste de mi pobre madre. Transcribo aquí su versión, aunque confesaré que he tenido que modificar algunas cantidades hasta dar con medidas un poco más exactas que sus «lo que admita» y «eso lo ves tú a ojo». Por cierto, ni mi madre ni yo rebozamos las torrijas en harina; así resultan más ligeras. En honor a mi abuela Visi diré que ella las rebozaba en maicena, por si lo quieres probar, a ver qué te parece.

Para 4 personas
1 barra de pan del día anterior (o del clásico «pan para torrijas»)
1 ½ litros de leche
4 cucharadas de azúcar
2 ramitas de canela
la piel de 1 limón
2 huevos medianos batidos
aceite de oliva suave, para freír
azúcar extra y canela en polvo para espolvorear

Ponemos la leche a calentar en un cazo junto con la piel del limón, las 4 cucharadas de azúcar y la canela. Calentamos a fuego medio unos 5 minutos y, cuando comience a hervir, apagamos el fuego y dejamos templar, para que se infusionen todos los aromas.

Cortamos el pan en rodajas (yo suelo cortarlas un tanto diagonales, para que las torrijas sean aún más grandes) y las colocamos en una fuente, unas al lado de otras. Colamos encima la leche, ya templada, asegurándonos de que se empapan bien. Cuidado, porque si la leche está caliente se deshará el pan y las tendremos que comer tal cual, ¡con cuchara! Si el pan absorbiera toda la leche y faltaran zonas por empapar, puedes añadir un chorrito de leche fría por encima, para asegurarte de que estén bien, bien empapadas.

Mientras dejamos que se sigan empapando, preparamos un plato con los dos huevos batidos. Además, ponemos a calentar una sartén con abundante aceite (en torno a 100 ml).

Cuando el aceite empiece a estar caliente procedemos a rebozar y freír las torrijas: primero escurrimos un poco la rodaja, luego la pasamos por el huevo y la freímos cerca de 1 minuto por cada lado, hasta que esté doradita. ¡Cuidado, que no se quemen!

Una vez fritas, escurrimos las torrijas sobre papel de cocina absorbente, para que pierdan el exceso de aceite, y a continuación las servimos espolvoreadas con azúcar abundante y un toquecito de canela en polvo.

HOT CROSS BUNS

Este bollo tradicional inglés de Semana Santa es una de las delicias de la Pascua anglosajona que se conoce desde, al menos, el siglo XVI. Tradicionalmente estos bollos se comen en Viernes Santo en Inglaterra, Irlanda y toda la Commonwealth. Marcan el final de la Cuaresma y por eso cuentan con una cruz bien visible, para recordar la crucifixión de Jesucristo. Más allá de la tradición, se trata de unos deliciosos panecillos, esponjosos y sabrosos, cargaditos de especias y con un toque de pasas y fruta (o cortezas) confitadas. Adoro ponerles corteza de naranja y limón confitada, cortada bien fina. ¡Les da un aroma maravilloso! A mí me gusta hornear los hot cross buns todos juntos en un molde de cerámica o vidrio.

Nota
También quedan bonitos como bollos individuales. En este caso, hay que espaciarlos sobre una bandeja de horno.

Para la masa
350 g de harina de fuerza
100 g de harina floja
50 g de azúcar
1 cucharadita de sal
1 cucharadita de canela
½ cucharadita de clavo
½ cucharadita de cardamomo
una pizca de jengibre
una pizca de nuez moscada
(a ser posible recién rallada)
7 g de levadura seca de panadería
o 21 g de levadura fresca

50 g de mantequilla bien fría, cortada en trozos pequeños
125 g de frutas o corteza confitadas y pasas
200 ml de leche templada
2 huevos medianos, un poco batidos

Para la cruz
4 cucharadas de harina
4 cucharadas de agua fría

Para el glaseado
4 cucharadas de leche
2 cucharadas de azúcar

1 Colocamos los dos tipos de harina, el azúcar, la sal, las especias y la levadura en un bol y mezclamos bien. Añadimos la mantequilla, fría, y la incorporamos con unos cuchillos o con los dedos, hasta que la mezcla parezca migas de pan. También podemos usar una cuchilla para masas.

2 Hacemos un hueco en el centro e incorporamos la leche templada y los huevos batidos. Vamos mezclando cuidadosamente con la mano o con la batidora, usando el gancho amasador. Si lo haces a mano, al principio te será más fácil ayudarte con una cuchara de madera.

3 Una vez que tengamos una masa homogénea, incorporamos las pasas. Amasamos un minuto. Incorporamos la corteza de naranja y limón confitada (o las frutas confitadas) y amasamos de nuevo. Si lo prefieres, puedes utilizar solo pasas.

4 Amasamos hasta tener una masa lisa y elástica; normalmente con la batidora bastan 5 minutos. Si amasas a mano, unos 10 minutos sobre una superficie enharinada serán suficientes.

5 Colocamos la masa en un bol previamente engrasado con un poco de aceite o espray desmoldante y la cubrimos con un trapo húmedo o con un film previamente engrasado. Dejamos reposar en torno a 1 hora en un lugar cálido. Pasado ese tiempo, habrá doblado su volumen.

6 En ese momento sacamos la masa del bol, la desgasificamos amasándola un poco sobre la mesa y la cortamos en 8 o 10 trozos iguales. Damos una forma redonda a cada trozo y los colocamos espaciados o bien en un molde engrasado, o bien sobre una bandeja de horno cubierta con papel.

7 Dejamos reposar cubiertos con film engrasado o un trapo húmedo de nuevo, en torno a 30-40 minutos. Durante ese tiempo, encendemos el horno a 200 °C. Preparamos una masa mezclando el agua con la harina y, con una manga pastelera, hacemos una cruz sobre cada bollo.

8 Horneamos los bollos unos 15 minutos o hasta que se doren. Mientras tanto, preparamos el glaseado hirviendo la leche con el azúcar 1 minuto. Nada más sacar los bollos del horno los pintamos con el glaseado. Los dejamos templar sobre una rejilla antes de servir.

MERMELADA DE FRESA Y VAINILLA

Hacer mermelada siempre me ha dado mucho respeto. He sentido pánico ante la posibilidad de cargarme un kilo de fresas (o de cualquier otra fruta) si la cosa iba mal. Poco a poco (e influida por amigas como mi querida Ana, que hace unas mermeladas que te quitan el hipo) he ido haciendo mis pinitos en el mundo «mermeladil» y, cada vez más, me atrevo a hacer algunas mermeladas (sencillitas, eso sí). Sinceramente, el placer de poder regalar a la familia un bote de mermelada casera no tiene igual. Es verdad que al décimo bote que les regalas en un mes a ellos deja de hacerles gracia, pero oye, ¡no siempre llueve a gusto de todos!

Ingredientes

1 kg de fresas
700 g de azúcar
el zumo de 1 limón
2 vainas de vainilla

Lavamos las fresas, les quitamos el rabito y las troceamos. Las ponemos en un bol. Abrimos las vainas de vainilla, sacamos las semillas y las añadimos a las fresas. Incorporamos el zumo de limón y el azúcar y mezclamos muy, muy bien. Dejamos reposar toda la noche.

Al día siguiente, echamos la mezcla en una olla y calentamos a fuego fuerte hasta que empiece a hervir. En ese momento reducimos la temperatura y cocinamos lentamente, a fuego moderado, hasta que la mezcla se reduzca (tarda en torno a ½ hora). Es importante remover de cuando en cuando para que no se pegue.

A medida que se caliente, irá saliendo una espumilla en la superficie que es mejor que retiremos con cuidado.

Cuando la mermelada haya alcanzado la textura perfecta, la retiramos del fuego, quitamos las vainas de vainilla y la vertemos de inmediato en tarros de cristal esterilizados. Hay que cerrarlos en seguida y ponerlos boca abajo para que se haga el vacío. De esta forma podremos almacenar la mermelada sin miedo (y regalársela insistentemente a nuestros familiares más cercanos).

Nota

Para esterilizar los botes solo tienes que hervirlos (y las tapas también) durante unos minutos. Después, hay que secarlos bien con papel de cocina o un paño limpio. Úsalos el mismo día que los hayas esterilizado.

CUPCAKES DE PASCUA

Esta es, sin duda, una de las formas de decoración de cupcakes más utilizada en Inglaterra cuando llega la Pascua. En nuestro país, a veces resulta complicado encontrar las chocolatinas en forma de huevito, pero a las malas puedes hacerlos con fondant o usar huevos de chocolate con leche, los de toda la vida. Para prepararlos necesitarás la famosa «boquilla de césped» (Wilton 233) que puedes encontrar en cualquier tienda de repostería (y con la que además podrás decorar otros postres, como los famosos cupcakes del monstruo de las galletas).

Nota
Si estos cupcakes los van a tomar embarazadas o ancianos, es mejor que calientes las claras con el azúcar hasta 74 ℃ para una mayor garantía contra la salmonelosis.

Para el bizcocho
100 ml de aceite de oliva suave
2 huevos medianos
120 g de azúcar moreno
20 ml de melaza
120 g de harina
35 g de cacao en polvo sin azúcar
1 cucharadita de levadura química tipo Royal
(polvo de hornear)
½ cucharadita de bicarbonato sódico
130 ml de nata de montar de 35 % MG

Para la crema de relleno
3 claras de huevo
180 g de azúcar blanco
250 g de mantequilla a temperatura ambiente
5 cucharadas hermosas de Nutella

Para decorar
chocolatinas en forma de huevitos de Pascua

1 Precalentamos el horno a 180 °C (calor arriba y abajo) o 160 °C (con ventilador). Con unas varillas, mezclamos el aceite de oliva con los huevos, la melaza y el azúcar moreno. Incorporamos la harina, tamizada con el cacao, la levadura y el bicarbonato. Finalmente, añadimos la nata.

2 Cuando la mezcla sea homogénea, la repartimos en las cápsulas de cupcakes. Yo uso una cuchara de 49 mm de diámetro para lograr que todos salgan iguales. Los horneamos 20-22 minutos o hasta que al pincharlos con un palillo salgan unas poquitas migas (muy poquitas) pegadas.

3 Dejamos templar los cupcakes en el molde y luego sobre una rejilla. Este paso es muy importante para evitar que se queden húmedos por la base (y que se lleguen a despegar las cápsulas por efecto de la humedad).

4 Comenzamos a preparar la crema mientras se enfrían: calentamos las claras con el azúcar en un bol, al baño María, sin dejar de remover, hasta que la mezcla alcance los 55 °C (o hasta que el azúcar esté totalmente disuelto). Las montamos a punto de nieve hasta que hagan picos duros.

5 Añadimos la mantequilla, a temperatura ambiente, poco a poco, sin dejar de batir, para lograr una mezcla sedosa. Habrá un punto en el que parezca «que se ha cortado». Que no cunda el pánico, solo hay que seguir batiendo y pronto ¡estará perfecta!

6 Incorporamos la Nutella y batimos al menos 3 minutos más a velocidad máxima hasta que quede bien sedosa. Mientras tanto podemos retirar los cupcakes de la rejilla e ir preparando las herramientas para la decoración.

7 Ponemos una boquilla de césped (Wilton 233) a la manga pastelera, que rellenamos con ⅔ de la crema de Nutella. Usando una espátula, cubrimos bien cada cupcake con el resto de la crema. Es importante cubrirlos por completo para que los huevos luego se queden bien pegados.

8 Decoramos con la manga pastelera simulando nidos de crema. Es importante no rozar con la manga el cupcake, o no nos quedará bien. En el centro de cada cupcake colocamos tres huevitos de chocolate.

LEMON CURD

El lemon curd es, probablemente, la mejor forma de dar uso a las yemas que te sobran cuando haces un angel food cake o una pavlova. Descubrí esta crema en uno de mis viajes a Londres y, por aquel entonces (cuando aún no tenía mucha confianza en mis dotes reposteras), volví con la maleta llena de botes de esta deliciosa crema de limón que me comía a cucharadas en momentos de debilidad. Puedes utilizarla para rellenar tartas o cupcakes, para untarla en tostadas, para decorar un bizcocho o, la mejor opción de todas, para comerla a cucharadas. Es simplemente lo mejor que hay en este mundo. Así, sin más. Pero ojo, es adictiva (y quien avisa no es traidor).

Ingredientes

6 yemas de huevo
el zumo de 3 limones (y la ralladura, opcional)
150-200 g de azúcar blanco (dependiendo de la acidez de los limones)
100 g de mantequilla a temperatura ambiente

En primer lugar, batimos las yemas enérgicamente con el azúcar. Es muy importante que no dejes las yemas cubiertas por el azúcar sin batir, ya que se crearán grumos por el efecto del azúcar en las yemas. Es decir, en cuanto añadas el azúcar a las yemas, bate sin parar con unas varillas, para que entre aire y no se produzca ese efecto.

Incorporamos el zumo de limón y batimos de nuevo, hasta tener una mezcla homogénea.

A continuación, preparamos un baño María. Calentamos la mezcla, sin dejar de remover, hasta que comience a espesar (aproximadamente a 74 ºC, si usas un termómetro para controlar la temperatura). No necesitamos que esté muy densa, simplemente debe cubrir el dorso de una cuchara. ¡Cuidado, no debe hervir!

Una vez que tenga la textura adecuada (tarda en torno a 8 minutos, depende de la intensidad del calor), la retiramos del fuego y añadimos la mantequilla en cubos. Removemos bien para que se incorpore por completo.

Si te gusta con ralladura, este es el momento de añadirla. Vertemos la crema en el bote y la dejamos enfriar cubierta con un film a piel. A medida que se enfríe, irá engordando. Una vez fría podéis guardarla en el frigorífico y aguanta perfectamente 1 semana. También se puede congelar y aguanta 2 meses.

BRAZO DE GITANO CON CREMA PASTELERA

Cuando era pequeña, en el conservatorio había una madre que hacía un brazo de gitano que estaba de muerte lenta. Durante años, estuvimos pidiéndole la receta pero jamás la confesó. Aun así, mi madre investigó e investigó hasta dar con la suya propia, que no sé si está tan buena como la de aquella señora, pero sin duda su brazo de gitano es mi favorito del mundo mundial. Por cierto, en mi casa se rellena siempre con crema pastelera porque ya sabes que somos adictos, pero vaya, que puedes usar tu relleno favorito. Por ejemplo, si vas a utilizar fresas, le va genial la nata montada.

Nota
Nunca olvides cubrir la bandeja con papel de horno o el desmoldado será dificilísimo. Además, sigue todos los pasos de enrollado para un resultado ¡perfecto!

Para el bizcocho
4 huevos medianos
100 g + 2 cucharadas de azúcar
100 g de harina
1 sobre de levadura seca de panadería (7 g)

Para el relleno
250 ml de leche
50 g de azúcar
2 yemas de huevo
25 g de maicena

Para decorar
azúcar glas
fresas

1 Separamos las claras de las yemas y batimos las yemas con 2 cucharadas de azúcar hasta que se blanqueen. Las reservamos. Montamos las claras a punto de nieve y, una vez que hagan espuma, añadimos poco a poco el resto del azúcar hasta lograr picos firmes.

2 Incorporamos las yemas a las claras montadas, con movimientos envolventes, usando una lengua y procurando que no se bajen. Incorporamos a continuación la harina, tamizada con la levadura, teniendo cuidado de que las claras no se bajen.

3 Precalentamos el horno a 180 °C y engrasamos un molde o bandeja, y cubrimos la base con papel de horno. Lo ideal es que uses la bandeja de horno grande, para que salga un brazo bien hermoso.

4 Cuando tengamos una masa homogénea y sin trazas de merengue o harina, la extendemos sobre la bandeja y horneamos durante 10 minutos. Se empezará a dorar por los bordes, convirtiéndose en un bizcocho superesponjoso.

5 Nada más sacarlo del horno, separamos los bordes con una espátula y lo volcamos sobre un papel de horno cubierto con una fina capa de azúcar glas. Retiramos el papel de la cocción anterior del bizcocho y, con cuidado, lo enrollamos con el papel cubierto de azúcar glas. Dejamos que se enfríe.

6 Mientras se enfría el bizcocho, preparamos la crema. En un cazo calentamos la leche con la mitad del azúcar. Mientras tanto, batimos enérgicamente las yemas con el resto del azúcar y la maicena, hasta que no haya un solo grumo.

7 Cuando la leche empiece a humear, la vertemos sobre las yemas sin dejar de remover. Una vez que esté todo disuelto, vertemos la mezcla en el cazo y calentamos de nuevo sin dejar de remover hasta que empiece a espesar. Apenas comience a hervir, retiramos del fuego de inmediato.

8 Cubrimos la crema pastelera con film a piel. Cuando esté tibia, desenrollamos el bizcocho y lo rellenamos. Lo enrollamos con cuidado y tamizamos azúcar glas por encima para decorar. Podemos incorporar láminas de fresa en el relleno o usarlas solo como decoración.

ETON MESS

Este postre tradicional inglés se conoce desde el siglo XIX, y tiene su origen en el prestigioso Eton College. Desde entonces se ha servido en esta institución, tanto en la escuela como en los famosos partidos de críquet. Sus ingredientes son tres: fresas, trozos de merengue y nata, y se toma bien frío. Puedes preparar los merengues con antelación y montar el postre en el último momento. Además, si quieres darle un poco de «chispa», macera las fresas troceadas en licor Pimm's durante media hora antes de preparar el postre. Luego escúrrelas ¡y a disfrutar!

Para 4-6 personas
3 claras de huevo
120 g de azúcar blanco
60 g de azúcar glas
400 ml de nata de montar de 35 % MG
azúcar glas al gusto
500 g de fresas y alguna más para decorar

Comenzamos con la preparación de los merengues: precalentamos el horno a 100 °C con calor arriba y abajo, sin aire. Montamos las claras a punto de nieve usando unas varillas. Apenas empiecen a hacer espuma incorporamos el azúcar blanco poco a poco, de forma continua. Cuando tengamos un merengue firme, brillante, de pico duro, lo retiramos de la batidora y añadimos el azúcar glas con ayuda de una lengua, con movimientos envolventes, teniendo cuidado de que no se baje.

Una vez que tengamos listo el merengue, lo vamos a hornear. Preparamos una bandeja de horno cubriéndola con papel de horno o una lámina de silicona y colocamos cucharadas de merengue sobre la bandeja, un poco espaciadas. Necesitaremos una o dos bandejas para colocar todo el merengue, según el tamaño de las mismas.

Horneamos los merengues durante 1 ½ hora o hasta que se noten secos al tacto. Después, apagamos el horno y los dejamos dentro hasta que el horno se enfríe.

Con el merengue ya preparado, el montaje es facilísimo: montamos la nata, bien fría, endulzándola al gusto con azúcar glas. La vertemos en un bol y colocamos los merengues, troceados, encima. Finalmente, incorporamos las fresas, lavadas y cortadas en trocitos. Mezclamos todo muy bien. Servimos en copas individuales y decoramos con más fresas.

ÉCLAIRS DE FRESA

Los éclairs están súper de moda en París y Londres, y son varias las pastelerías
que se dedican en exclusiva a estos pequeños pastelitos con sus maravillosos
glaseados (¡y a precio de oro!). En este caso, vamos a hacer una versión que nunca
decepciona: de nata y fresas. Perfecta para impresionar a la familia cuando llega
la primavera y dejarles con la boca abierta por el sabor y la presentación. ¡Ojo!
Lo único importante es conseguir la textura perfecta de la masa choux
(que dependerá mucho de lo que se seque la masa durante la cocción).
Si al ponerla en la manga la notas muy dura, es que necesita más huevo,
pero si está tan blanda que pierde el dibujo, tendrás que añadir
menos huevo la próxima vez.

Nota

Nunca abras el horno a mitad del horneado cuando prepares masa choux. Si lo haces,
se desinflará de inmediato y no habrá solución. Espera al menos hasta que la masa esté
bien doradita.

Para la masa choux	Para la decoración
250 ml de agua	250 ml de nata de montar de 35 % MG
100 g de mantequilla en trocitos	azúcar glas al gusto para endulzar la nata
1 cucharadita de sal	1 cucharadita de vainilla en pasta
1 cucharadita de azúcar	azúcar glas para decorar
150 g de harina	200 g de fresas
4 huevos medianos	

1 Precalentamos el horno a 180 ºC. En un cazo, calentamos el agua con la mantequilla, la sal y el azúcar. En el momento en que empiece a hervir y se haya fundido la mantequilla, retiramos del fuego y agregamos la harina. Removemos con fuerza para que no haya grumos.

2 Volvemos a poner el cazo al fuego y secamos un poco la masa. Yo lo hago aplastándola sobre la base del cazo y, cuando hace un ruidito parecido a «quirrís quirrís», la remuevo para que no se pegue... Así 4 o 5 veces, hasta que pierda humedad.

3 La retiramos del fuego y la pasamos a un bol. Incorporamos los tres primeros huevos de uno en uno, batiendo bien hasta que se mezcle cada uno antes de añadir el siguiente. Podemos hacerlo a mano o con la batidora.

4 Batimos el cuarto huevo y lo añadimos poco a poco para ir revisando la textura. La masa estará lista cuando quede bien lisa pero no excesivamente líquida, así que se ha de vigilar la textura. Según lo que se haya secado la masa, se necesitará el huevo completo o un poco menos.

5 Vertemos la masa en la manga pastelera. En una bandeja de horno cubierta con papel, utilizando una boquilla estrellada grande, hacemos «churritos» de unos 10 cm de largo y 2,5 cm de ancho, espaciados. Horneamos 35 minutos o hasta que estén hinchados, doraditos y secos.

6 Dejamos enfriar sobre una rejilla. Si al tacto están «blandos» puedes meterlos al horno 5 o 10 minutos más, para que se sequen bien. Si salen blandos del horno, el problema es que al rellenarlos quedarán totalmente gomosos.

7 Una vez fríos, los cortamos longitudinalmente. Montamos la nata, bien fría, incorporando la vainilla y el azúcar glas al gusto. La colocamos en una manga pastelera con boquilla rizada. Lavamos y cortamos las fresas.

8 Rellenamos los éclairs: la base la rellenaremos con nata, encima colocamos las fresas en cuartos. Antes de colocar la tapa, la decoramos tamizando azúcar glas por encima.

VERANO

BATIDOS DE VERANO

Confieso que una de mis grandes debilidades son los batidos de helado. No tengo remedio. Puedo estar superllena, sin hambre ni ganas algunas de comer... ¡y si alguien me ofrece un batido, me lo tomo sin pensar! Mi favorito es el Reese's, solo apto para amantes de la mantequilla de cacahuete, pero tampoco me puedo resistir a ninguna de las otras tres variantes que te presento. Creo que al final del verano, cuando no te quepa el bañador o el bikini, ¡tendrás a quién culpar!

Nota
Para preparar el merengue suizo, sigue los pasos de la Alaska (pág. 88), pero utiliza las cantidades indicadas en cada receta. Obtendrás merengue para decorar 3 o 4 batidos, dependiendo del tamaño del vaso.

Limón y merengue
Para un batido enorme o dos medianos
150 g de sorbete de limón
150 g de helado de vainilla
120 ml de leche
lemon curd (véase pág. 44)
Merengue suizo (véase pág. 88):
2 claras de huevo
110 g de azúcar

Cookies'n'cream
Para un batido enorme o dos medianos
300 g de helado de vainilla
6 galletas Oreo
180 ml de leche
nata montada
mini Oreos

Reese's
Para un batido enorme o dos medianos
300 g de helado de chocolate
80 g de mantequilla de cacahuete
125 ml de leche
nata montada
Reese's cups para decorar

S'mores
Para un batido enorme o dos medianos
300 g de helado de chocolate
120 ml de leche
5 galletas digestive
Merengue suizo (véase pág. 88):
2 claras de huevo
110 g de azúcar

1

1

2

2

Limón y merengue

1 Colocamos el helado de limón junto al de vainilla y la leche en la batidora de vaso y batimos hasta que la mezcla esté homogénea. Preparamos el merengue suizo y lo ponemos en una manga pastelera con boquilla redonda grande.

2 Vertemos 2 cucharadas de lemon curd en la base del vaso y encima echamos el batido. Decoramos con el merengue suizo. Puedes tostarlo con el soplete de repostería.

Cookies'n'cream

1 Bañamos las Oreo en la leche durante 5 minutos para que se ablanden. Después trituramos la mezcla con la batidora de vaso. Incorporamos el helado de vainilla y batimos 1 minuto más.

2 Servimos en un vaso y decoramos con nata montada y mini Oreos.

Reese's

1 Colocamos la mantequilla de cacahuete con la leche en una batidora de vaso y trituramos durante unos minutos hasta que esté bastante deshecha. Incorporamos el helado de chocolate.

2 Batimos de nuevo 1 minuto hasta tener un batido bien cremoso. Decoramos con la nata montada (azucarada al gusto) y con Reese's cups. Otra opción es decorar con cacahuetes tostados con miel.

S'mores

1 Colocamos las galletas digestive junto con la leche en un vaso americano. Batimos hasta que estén trituradas. Incorporamos el helado de chocolate y batimos de nuevo. Preparamos el merengue suizo.

2 Colocamos el merengue en una manga pastelera con boquilla de estrella grande y rellenamos la base del vaso. Encima vertemos el batido. Añadimos otra capa de merengue y lo quemamos con un soplete de repostería. Decoramos con una galleta digestive antes de servir.

SORBETE DE LIMÓN

Cuando éramos muy pequeños mi hermano y yo le regalamos a mi abuela
una heladera. Sí. Digo yo, viéndolo con perspectiva, que para qué querría
mi pobre abuela a su avanzada edad una heladera, pero nosotros nos empeñamos
y lo cierto es que la pobre creo que ni la tocó, porque fuimos mi hermano y yo
los que nos pasamos el verano entero acaparando la heladera para hacer
helados. Kiwi, melocotón, limón... Ningún sabor se nos resistía.
Al año siguiente le quisimos comprar una palomitera,
pero ¡eso sí que ya no coló!

Ingredientes

275 ml de agua
300 g de azúcar blanco
375 ml de zumo de limón, recién exprimido
la ralladura de 2 limones

En primer lugar vamos a preparar un almíbar: en un cazo calentamos el agua con el azúcar hasta que comience a hervir y se haya disuelto el azúcar. Retiramos del fuego y dejamos enfriar.

Una vez frío, lo mezclamos con el zumo de limón y la ralladura (podemos incorporar un chorrito de limoncello en este punto, siempre que no lo vayan a tomar niños). Vertemos el sorbete en la heladera y la ponemos en funcionamiento (siguiendo las instrucciones del fabricante).

Cuando se haya cristalizado y empiece a parecer un sorbete «blandito», lo pasamos a un recipiente apto para congelación y lo metemos en el congelador.

Servimos una vez que esté congelado, decorado con más ralladura de limón.

TARTA RÚSTICA DE CIRUELAS

Hay días en los que te apetece hacer una tarta supercomplicada con una decoración trenzada (si hoy es ese día, puedes cambiar ya de capítulo e irte a la tarta de manzana y mora que tienes en la pág. 140). Pero hay otros en que no te apetece complicarte la vida. Vaya, esos días en los que te da pereza hasta darle forma a la base de tu tartaleta. Si hoy es uno de esos días, te recomiendo que hagas esta tarta. Está de morir y es fácil, fácil, muy fácil. ¡Ah!, la puedes preparar no solo con ciruelas, sino también con melocotones o nectarinas (o una mezcla de los tres).

Nota
Si por un casual has tirado el jugo de macerar las ciruelas, no te desesperes. Puedes pintar tu tarta con un poco de mermelada de melocotón calentada unos segundos en el microondas.

Para la masa
200 g de harina
125 g de mantequilla muy fría cortada en cubos
30 ml de agua
cubitos de hielo

Para el relleno
600 g de ciruelas rojas
100 g de azúcar blanco
1 cucharadita de extracto de vainilla
1 yema de huevo

1 Deshuesamos y cortamos las ciruelas en rodajas. Las mezclamos bien en un bol junto con el azúcar y la vainilla y las dejamos reposar, cubiertas, en el frigorífico. Para preparar la masa, comenzamos echando el agua en un vaso con cubitos de hielo para que se enfríe mucho.

2 En el robot de cocina, o con ayuda de un mezclador manual para masas, mezclamos la harina y la mantequilla. Cuando la mezcla parezca migas de pan, añadimos 50 ml de agua poco a poco, sin dejar de mezclar.

3 Una vez esté todo mezclado, comprobamos la consistencia. Si la masa está muy pegajosa, añadimos un poquito de harina. Si se desmiga fácilmente, un poquito de agua. Hemos de lograr una masa firme y no pegajosa. Hacemos una bola, la aplastamos y envolvemos con film transparente.

4 Refrigeramos la masa al menos 45 minutos. Pasado ese tiempo, precalentamos el horno a 180 °C. Preparamos una bandeja de horno forrándola primero con papel de aluminio y encima colocamos un papel de horno.

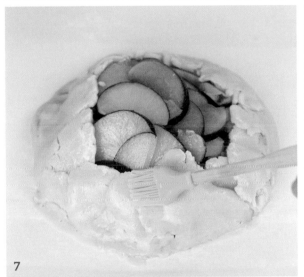

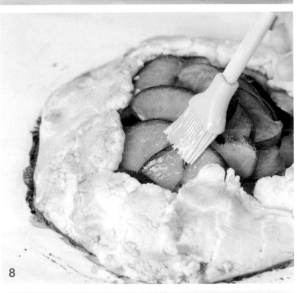

5 Estiramos la masa sobre una superficie enharinada hasta tener un círculo de unos 25-30 cm de diámetro. Con cuidado, la colocamos sobre la bandeja de horno.

6 Sacamos el relleno del frigorífico y escurrimos las ciruelas, reservando todo el líquido que hayan podido soltar. Las colocamos en el centro de la masa, dejando unos 5 cm respecto del borde. Doblamos los bordes hacia dentro, sin miedo, hasta enmarcar el relleno.

7 Batimos la yema de huevo con una cucharada de agua y la usamos para pintar la masa. Horneamos en torno a 45 minutos, o hasta que la masa esté dorada y las ciruelas burbujeen.

8 Mientras se termina el horneado, calentamos los jugos que habíamos reservado para que se reduzcan y formen un sirope denso. Lo usamos para pintar las ciruelas al sacar la tarta del horno. Servimos la tarta caliente, acompañada de helado.

BUNDT CAKE DE LIMÓN Y COCO

Me muero de amor por este bizcocho. Así te lo digo. Es jugoso a rabiar, con un glaseado brillante y, encima, con un toque de ron. Vaya. Que si lo haces, vas a querer repetir. Se conserva jugoso muchos días, ya que cuando el glaseado se enfría forma una película protectora que hace que la miga aguante y aguante. Si prefieres un glaseado más clásico, prepara el que yo le pongo al bizcocho de yogur de la pág. 26. ¡No tiene desperdicio!

Para un molde de bundt cake de 10 tazas o un molde redondo de 25 cm con agujero en el centro
115 ml de aceite de oliva suave
100 g de azúcar blanco
50 g de azúcar de caña integral (panela)
4 huevos medianos
160 ml de leche
50 ml de zumo de limón
300 g de harina

3 cucharaditas de levadura química
100 g de coco rallado
la ralladura de 1 limón

Para el glaseado
50 ml de zumo de limón
50 g de azúcar
50 g de mantequilla
2 cucharadas de ron (o más, al gusto)

Precalentamos el horno a 170 °C y engrasamos el molde con espray desmoldante o mantequilla y harina. Mezclamos la leche con el zumo de limón y la reservamos.

En un bol, o con la batidora, mezclamos el aceite con los dos tipos de azúcar. Añadimos los huevos y batimos hasta tener una masa homogénea. Incorporamos la harina, tamizada con la levadura, y removemos bien. Añadimos a continuación el zumo de limón mezclado con la leche (la mezcla estará grumosa, no te asustes, es así). Removemos muy bien. Finalmente, añadimos el coco rallado y la ralladura de limón.

Vertemos la masa en el molde y horneamos en torno a 50-60 minutos, o hasta que al pincharla con un palillo este salga limpio.

Esperamos al menos 15 minutos a desmoldar el bizcocho si no queremos que se rompa. Dejamos enfriar sobre una rejilla.

Para preparar el glaseado, calentamos todos los ingredientes menos el ron en un cazo. Una vez disuelto el azúcar, retiramos el cazo del fuego e incorporamos el ron. Pintamos el bundt cake con el glaseado caliente. Tiene que quedar bien impregnado. Servimos acompañado de sorbete de limón (véase pág. 62).

CREPES ACOMPAÑADOS DE NECTARINAS ASADAS

Hace años estuve con unos amigos en París y me alimenté única y exclusivamente de crepes de Nutella. Sí, así de loca estoy. Es cierto que en posteriores ocasiones he hecho lo mismo pero con macarons... Aun así, los crepes siguen ocupando un rinconcito especial de mi corazón y cada vez los preparo de formas más variadas. Espero que en este caso te animes a hacer crepes caseros. Lo más importante es que la sartén sea antiadherente, sin duda, ¡o tendrás un desastre «creperil»! La masa puedes prepararla en el día (necesita una hora de reposo como mínimo) o el día anterior... ¡y desayunarlos recién hechos!

Nota

También puedes preparar esta receta con cerezas deshuesadas, fresas o melocotones. Si te da pereza hacer el relleno, no dudes en abrir un bote de Nutella y untar tus crepes como si no hubiera mañana.

Para las nectarinas asadas

6 nectarinas
90 g de mantequilla
160 ml de bourbon
60 g de panela

Para los crepes

70 g de harina
1 cucharada de azúcar
190 ml de leche entera
2 huevos medianos
25 g de mantequilla

1 Comenzamos preparando la masa de los crepes: fundimos la mantequilla y reservamos. En un vaso americano o picadora, ponemos el resto de los ingredientes y batimos durante 5 minutos o hasta que todos los ingredientes estén integrados y la mezcla esté esponjosa.

2 Incorporamos la mantequilla fundida y mezclamos 2 minutos más, hasta que esté bien burbujeante. Pasamos la mezcla a un bol, lo cubrimos y lo dejamos reposar en el frigorífico al menos una hora (o hasta el día siguiente).

3 Preparamos a continuación las nectarinas. Calentamos el horno a 190 °C y forramos una bandeja de horno con papel de aluminio. A continuación, cortamos las nectarinas en cuartos y las colocamos en un bol.

4 Fundimos la mantequilla y la mezclamos con el bourbon. Vertemos la mezcla sobre las nectarinas y mezclamos muy bien, hasta que todas estén bien empapadas. Escurrimos las nectarinas y las colocamos extendidas sobre la bandeja de horno.

5 Las rociamos por encima con la mezcla de bourbon y mantequilla que quedaba en el bol y las espolvoreamos con el azúcar moreno. Horneamos en torno a 15 minutos, o hasta que estén bien blanditas y el líquido que han soltado sea denso y burbujee. Reservamos.

6 Sacamos la masa de los crepes del frigorífico. Removemos bien. Calentamos una sartén antiadherente (si tenemos dudas, podemos fundir un poquito de mantequilla para garantizar que no se peguen los crepes). Vertemos masa hasta que una capa fina cubra la base de la sartén.

7 Esperamos hasta que los bordes empiecen a estar doraditos y veamos que el centro está asentado. Entonces le damos la vuelta al crepe. Esperamos a que se dore y lo pasamos a un plato. Repetimos la operación hasta acabar con la masa.

8 Rellenamos cada crepe con 2 buenas cucharadas de nectarinas calientes. Tampoco está de más incorporar una bola de helado de vainilla a la combinación.

POLOS DE YOGUR CON HIGOS

Hacer polos es superfácil y además pueden ayudar los peques
de la casa. Los moldes los encontrarás fácilmente en tiendas especializadas
y grandes almacenes en cuanto llegue el verano. Si no te gustan los higos,
puedes utilizar otra fruta de tu gusto: fresas, frambuesas, moras, nectarinas…
y no dudes en añadir pequeños extras, desde una capa de granola
hasta coco rallado, frutos secos e incluso lacasitos.
¡Las posibilidades son innumerables!

Ingredientes
200 g de higos pelados
60 g de azúcar
600 ml de yogur griego
3 cucharadas de miel

En primer lugar, colocamos los higos pelados con el azúcar en un cazo y calentamos a fuego medio, removiendo, hasta que tengamos un puré y el azúcar se haya disuelto.

Retiramos del fuego y dejamos que se enfríe por completo.

Mientras tanto, batimos el yogur griego con la miel. Podemos incorporar más miel o menos, al gusto, pero no hay que omitirla, ya que ayudará a que después el polo esté más cremoso. Reservamos.

Alternamos capas de yogur y puré de higos frío en cada molde de polo. Una vez llenos los moldes, introducimos el palito con cuidado y los ponemos en el congelador hasta que los polos estén totalmente helados.

Para desmoldarlos solo hay que mojar el exterior del molde con agua caliente.

TARTA DE LIMA (KEY LIME PIE)

Estuve en Miami por primera vez en 2013 y quedé fascinada con su luz, su paisaje y, sobre todo, su tarta de lima. ¡Creo que en tres días comí la mencionada tarta unas seis veces! En 2015 regresé, en mi viaje de novios, y aunque la visita fue muy fugaz no pude evitar caer de nuevo en la tentación y zamparme dos buenos trozos de esta deliciosa tarta, que allí preparan con las limas dulces de la zona. Espero que la hagas en casa. ¡La textura es tan suave y ligera que hasta parece *light!* Jajaja.

Nota

Si no encuentras limas puedes preparar esta tarta con cualquier otro cítrico. Está deliciosa de limón y también de naranja. Incluso ¡puedes usar pomelo o nectarina!

Para la base
125 g de galletas digestive
30 g de azúcar de caña integral tipo panela
70 g de mantequilla

Para el relleno
3 yemas de huevos grandes o 4 yemas de huevos medianos

390 g de leche condensada
120 ml de zumo de lima
2 cucharaditas de ralladura de lima

Para decorar
3 claras de huevo
180 g de azúcar blanco

1 Comenzamos por preparar la base: trituramos las galletas con la picadora o dentro de una bolsa golpeándolas con el rodillo. Fundimos la mantequilla. Mezclamos ambos ingredientes junto con la panela.

2 Usamos esta mezcla para cubrir la base de un molde de tartaleta de unos 22 cm de diámetro, previamente engrasado. Refrigeramos mientras preparamos el relleno.

3 Con unas varillas o con la batidora, batimos las yemas de huevo hasta que se aclaren y se pongan bien esponjosas. Incorporamos la leche condensada y batimos de nuevo, para lograr una mezcla bien homogénea. Reservamos.

4 Exprimimos las limas y rallamos la piel. Es muy importante no llegar hasta la parte blanca al rallar, o dará sabor amargo.

5 Incorporamos el zumo y la ralladura a la mezcla de yemas y leche condensada, y mezclamos de nuevo, hasta que esté supercremosa y con una textura similar a la de un yogur.

6 Vertemos este relleno en el molde y horneamos unos 20 minutos a 180 °C o hasta que veamos que se ha asentado. Dejamos enfriar por completo y luego lo metemos en el frigorífico un par de horas (o toda la noche).

7 Preparamos el merengue para decorar: calentamos las claras con el azúcar al baño María sin dejar de remover, hasta que la mezcla alcance 55 °C (o hasta que el azúcar esté totalmente disuelto). Las montamos a punto de nieve.

8 Decoramos la tarta con la manga pastelera, usando una boquilla de estrella. Podemos decorar con una rodaja de lima justo antes de servir.

COBBLER DE MELOCOTÓN AL ESTILO SUREÑO

Si alguna vez has tenido la suerte de probar la comida sureña en Estados Unidos, seguro que habrás gozado de la oportunidad de saborear este delicioso postre. Aunque aparentemente se parezca a un crumble, en verdad la preparación es muy diferente. La masa que ves encima de los melocotones realmente se pone debajo, y durante el horneado emigra hacia la superficie de los mismos, creando trozos de deliciosa costra de galleta. Se sirve caliente, acompañado con nata o helado de vainilla.

Ingredientes
1 kg de melocotones
400 g de azúcar blanco
125 ml de agua
120 g de mantequilla
190 g de harina
1 ½ cucharaditas de levadura química
375 ml de leche

Engrasamos una fuente de horno de cerámica profunda y grande, y precalentamos el horno a 180 °C. Comenzamos por pelar y cortar en rodajas los melocotones.

Colocamos los melocotones con 200 g de azúcar y el agua en un cazo. Mezclamos bien y calentamos hasta que comiencen a hervir. Dejamos cocer, a fuego lento, unos 10 minutos. Retiramos del fuego y reservamos.

Fundimos la mantequilla y la esparcimos en la fuente de horno.

En un bol, mezclamos el resto del azúcar con la harina, e incorporamos poco a poco la leche, evitando que se formen grumos. Añadimos esa mezcla sobre la mantequilla fundida. Es muy importante no remover en ese momento.

Colocamos encima la fruta que habíamos cocido, rociándola con 2 cucharadas del jugo que haya soltado. Horneamos en torno a 40 minutos o hasta que esté bien doradito por encima.

HELADOS DE VAINILLA CON SUS VARIACIONES

Es otra forma de aprovechar las 6 yemas que sobran al preparar un angel food. ¡Luego no dirás que no te propongo ideas de aprovechamiento! La receta base es facilísima y luego puedes «customizarla» con todas las variaciones que se te ocurran. En serio, esto no tiene límite. Aprovecho para insistir en que cuanto mejor sea la vainilla más rico saldrá el helado. Parece de cajón, pero es fundamental para que el helado quede absolutamente delicioso.

Nota
Si no tienes heladera, mete la mezcla, en un recipiente apto para congelar, en el congelador y después sácala cada hora para removerla con una batidora de varillas. Repite este proceso hasta lograr un helado bien cremoso.

Para la base
375 ml de nata de montar de 35 % MG
375 ml de leche entera
150 g de azúcar blanco
30 ml de azúcar invertido
6 yemas de huevo
2 cucharaditas de vainilla en pasta o extracto

Para las variaciones
Oreos trituradas
mini Oreos
dulce de leche
otros: chips de chocolate, mantequilla de cacahuete, Nutella...
¡las posibilidades son enormes!

1 Calentamos la nata junto con la leche, el azúcar invertido y 30 g de azúcar blanco en un cazo hasta que empiece a humear. Retiramos la mezcla del fuego.

2 Mientras, batimos enérgicamente las yemas con el resto del azúcar hasta que se blanqueen. Es muy importante que cuando añadamos el azúcar a las yemas batamos bien, o el azúcar «quemará» las yemas y se formarán grumos.

3 Incorporamos poco a poco la mezcla de leche caliente sobre la mezcla de yemas, removiendo sin parar. Cuando la mezcla esté homogénea, la devolvemos al cazo. Calentamos a fuego medio sin dejar de remover.

4 Calentamos hasta alcanzar los 74 °C; entonces retiramos la mezcla del fuego y la pasamos de inmediato a un bol. Si dejas la mezcla en el cazo, seguirá subiendo de temperatura y se estropeará. Dejamos enfriar entre 8 y 24 horas en el frigorífico, bien cubierta con film transparente.

5 Pasamos la mezcla a la heladera, siguiendo las instrucciones del fabricante. Crecerá de volumen y cogerá consistencia.

6 Cuando el helado esté cremoso, lo ponemos en un recipiente apto para congelar, añadiéndole los toppings (si los vamos a usar) en este momento.

7 Para el helado de Oreo, incorporamos varias cucharadas de Oreo trituradas al helado al sacarlo de la heladera y ponerlo en otro recipiente. Después congelamos al menos 2 horas. Decoramos con mini Oreos. Puedes hacerlo con chips de chocolate y decorar con cookies.

8 Para preparar el helado de dulce de leche (puedes hacerlo también con Nutella o mantequilla de cacahuete), calentamos el dulce de leche en el microondas 30 segundos, para que esté más fluido, y luego lo añadimos al helado. Después decoramos por encima, para dejar claro el sabor.

POLOS SENCILLOS DE FRUTAS DE VERANO

Una forma muy divertida de que los peques de la casa coman fruta en verano es preparando estos sencillos polos de fruta. Puedes usar las que te propongo o cualquier otra que se te ocurra (melocotón, nectarina, fresas, kiwi...). Se conservan mucho tiempo en el congelador y para desmoldarlos solo tendrás que mojar el exterior del molde con agua caliente.

Para los polos de plátano
180 ml de yogur griego
2 plátanos

Para los polos de frambuesa
300 g de frambuesas
125 ml de yogur griego
50 g de azúcar o 2 cucharadas de miel

Para los polos de arándanos
300 g de arándanos
125 ml de yogur griego
50 g de azúcar o 2 cucharadas de miel

Preparamos los polos de plátano: cortamos el plátano en rodajas y lo colocamos en el vaso americano o picadora con el yogur. Batimos hasta tener un puré sin grumos. Llenamos los moldes, colocamos el palito y congelamos hasta que los polos estén totalmente firmes.

Preparamos los polos de frambuesa: batimos todos los ingredientes en el vaso americano hasta que la mezcla sea totalmente homogénea. Se puede colar si no queremos que queden semillas en el polo. Llenamos los moldes, colocamos el palito y congelamos hasta que los polos estén totalmente firmes.

Preparamos los polos de arándanos: batimos todos los ingredientes en el vaso americano hasta que la mezcla sea totalmente homogénea. Se puede colar si no queremos que queden restos de las pieles de arándanos en el polo. Llenamos los moldes, colocamos el palito y congelamos hasta que los polos estén totalmente firmes.

ALASKA

Mi tarta favorita para el verano (junto con el icebox cake). De pequeña la comía
en un restaurante al que íbamos en verano, cerca de la playa de Pedernales,
en Vizcaya, y en cuyo jardín sistemáticamente me picaban las ortigas las piernas.
Recuerdo que ellos empapaban el bizcocho con mucho licor y que yo me lo comía
todo, pero al llegar al bizcocho no me gustaba y se lo cambiaba a mi madre por
su helado con merengue. No sé por qué, pero es comer la Alaska
y teletransportarme a esos felices días de verano en los que pasábamos
las comidas corriendo por el jardín y solo conseguían que nos sentáramos
a la mesa para el postre. ¡Ay, qué tiempos aquellos!

Nota
Si no te gusta el ron, puedes optar por tostar la Alaska con un soplete de repostería o,
más fácil aún, en el grill de tu horno durante un par de minutos.

Para el bizcocho	Para el relleno
150 ml de aceite	½ kg de helado de fresa
150 g de azúcar	½ kg de helado de chocolate
150 g de harina	½ kg de helado de vainilla
1 ½ cucharaditas de levadura química	
3 huevos medianos	**Para flambear**
1 cucharadita de pasta de vainilla	100 ml de ron

Para el merengue
4 claras de huevo
220 g de azúcar

1 Cubrimos un bol de unos 20 cm de diámetro con film transparente. Lo rellenamos con cucharadas de helado hasta que esté totalmente lleno. Nivelamos la parte superior, lo cubrimos con film y lo metemos en el congelador.

2 Preparamos el bizcocho: precalentamos el horno a 180 °C y engrasamos un molde de 20 o 22 cm (no puede ser más pequeño, aunque sí más grande, ya que luego lo podemos igualar). Tamizamos la harina con la levadura química y reservamos.

3 Por otro lado, batimos el aceite, el azúcar y los huevos hasta que estén bien integrados. Incorporamos la harina y batimos a velocidad baja. Añadimos la vainilla y mezclamos hasta que la masa esté homogénea.

4 Vertemos la masa en el molde y horneamos durante 25-30 minutos o hasta que los bordes del bizcocho se separen ligeramente del molde y al introducir un palillo este salga limpio.

5 Desmoldamos cuando el bizcocho esté templado al tacto y dejamos enfriar por completo sobre una rejilla. Una vez frío, si hubiera crecido por el centro, lo igualamos. Podemos empaparlo con ron, si queremos que tenga aún más «chicha».

6 Si es necesario porque el molde fuera más grande que el bol del helado, cortamos los bordes del bizcocho del mismo diámetro. Lo disponemos sobre un plato. Volcamos el helado sobre el bizcocho y retiramos el film transparente. Reservamos en el congelador.

7 Por último, vamos a preparar el merengue suizo. Calentamos las claras con el azúcar al baño María sin dejar de remover, hasta que la mezcla alcance los 50-55 °C. Pasamos esta mezcla a un bol y la montamos a punto de nieve con una batidora de varillas.

8 Decoramos la tarta con el merengue ayudándonos de una espátula. Calentamos el ron en un cazo y, cuando empiece a humear, lo vertemos sobre la Alaska y le prendemos fuego con un mechero para que se flambee. Servimos de inmediato.

ICEBOX CAKE

Uno de los problemas de las recetas americanas es que a veces son tan fáciles de hacer y tan gochas que conocer su existencia no augura nada bueno. Este es uno de esos casos. Esta tarta es una bomba de relojería y, encima, a las malas, si no te apetece hornear las galletas la puedes hacer con cookies de bolsa o galletas Oreo. Lo sé. ¡No tiene perdón! En todo caso, créeme... ¡merece la pena probarla!

Para 36 cookies
225 g de mantequilla
150 g de azúcar de caña integral (panela)
150 g de azúcar blanco
1 huevo mediano y 1 yema
2 cucharaditas de vainilla en pasta
¾ de cucharadita de bicarbonato sódico
375 g de harina

60 g de chips de chocolate negro
60 g de chips de chocolate blanco

Para la crema
600 g de mascarpone
400 ml de nata
100 g de azúcar

Batimos la mantequilla con los dos tipos de azúcar hasta que estén integrados y la mezcla quede muy cremosa. Incorporamos el huevo, la yema y la vanilla, y batimos de nuevo.

Tamizamos la harina y el bicarbonato. Los añadimos al bol de la mantequilla, batiendo a la velocidad mínima. Cuando la masa sea homogénea, incorporamos los chips de chocolate. Refrigeramos la masa durante 30 minutos.

Preparamos 2 bandejas de horno con papel de horno o una lámina de silicona. Tomamos porciones de la masa (unas 2 cucharadas de masa cada vez). Hacemos bolas y las colocamos espaciadas en la bandeja, aplastándolas un poquito con la palma de la mano.

Horneamos a 180 °C unos 12 minutos o hasta que se doren. Las dejamos templar en la bandeja y después las ponemos sobre una rejilla para que se enfríen por completo.

En un bol, montamos la nata, bien fría, junto con el mascarpone y el azúcar, hasta que esté bien firme. Reservamos en el frigorífico.

En un plato colocamos una primera capa de galletas (según el tamaño, yo suelo hacer 6 capas de 6 galletas). Vertemos encima 4 buenas cucharadas de la crema de nata y mascarpone. Encima colocamos otra capa de galletas, y vamos repitiendo la operación hasta terminar con las galletas.

Refrigeramos toda la noche (durante la noche se ablandarán las galletas y al día siguiente estará de muerte lenta). Decoramos con sprinkles o granillo de chocolate antes de servir.

CÓCTELES DE VERANO

Llega el verano y apetece refrescarse un poco... ¡con chispa! Estos cócteles no son especialmente fuertes, salvo mi querido Julep de menta, que probé por primera vez en Nueva Orleans y, aunque me ardía la garganta por el bourbon, se ha convertido en una de mis bebidas veraniegas favoritas. ¡Ay, lo que he echado de menos poder beberme uno durante mi embarazo! Por cierto, tanto las limonadas como el té de melocotón se pueden preparar sin alcohol, ¡faltaría más! De hecho, ¡es lo que me ha tocado hacer a mí este verano!

Nota
Para prepararte la limonada o el té helado en versión granizado, tritúralos en una picadora o batidora de vaso junto a una buena cantidad de hielo hasta obtener una textura granizada. ¡Es lo más refrescante que hay!

Té de melocotón «con chispa»
100 g de azúcar de caña integral
100 ml de agua
1 melocotón cortado en rodajas
3 cucharadas de té negro (o 3 bolsitas)
1 litro de agua
100 ml de vodka (o al gusto)
3 cucharadas de licor de melocotón

Limonada «especial» con tomillo
Para una jarra
1 ramillete de tomillo
150 g de azúcar
250 ml de zumo de limón
750 ml de agua
125 ml de ginebra (o al gusto)

Julep de menta (Mint Julep)
Para un cóctel
5 o 6 hojas de menta o hierbabuena
90 ml de bourbon
15 ml de ron añejo
1 cucharada de azúcar
hielo picado

Limonada de fresa y vodka
Para una jarra
5 limones cortados en rodajas
500 g de fresas, lavadas y cortadas en cuartos
150 g de azúcar
750 ml de agua
250 ml de vodka (o al gusto)

1

1

2

2

Té de melocotón «con chispa»

1 Colocamos el azúcar, los 100 ml de agua y las rodajas de melocotón en un cazo. Calentamos hasta que empiece a hervir y se deshaga el azúcar. Machacamos con un tenedor los melocotones.

2 Dejamos reposar 15-20 minutos y lo colamos. Reservamos. Mientras tanto preparamos el té, con el litro de agua y las 3 cucharadas de té. Refrigeramos. Añadimos el sirope de melocotón, el vodka y el licor, y servimos bien frío con hielo.

Limonada «especial» con tomillo

1 En un cazo, ponemos a calentar 125 ml de agua con el azúcar y el tomillo. Hervimos hasta que se disuelva el azúcar y retiramos del fuego. Dejamos reposar 10 minutos.

2 Colamos esta mezcla y mezclamos bien con el resto del agua, el zumo de limón y la ginebra. Refrigeramos hasta que esté bien frío. Servimos con hielo y decoramos con ramilletes de tomillo.

Julep de menta (Mint Julep)

1 En un mortero machacamos las hojas de menta o hierbabuena con el azúcar hasta que suelten sus jugos. Dejamos reposar unos minutos. Las colocamos en el fondo de un vaso alto.

2 Llenamos el vaso con hielo picado. Vertemos el bourbon por encima, después el ron, y decoramos con un poquito más de menta o hierbabuena. Servimos inmediatamente.

Limonada de fresa y vodka

1 Colocamos los limones, las fresas y el azúcar en un bol grande y machacamos con ayuda de un rodillo, mortero o similar hasta que hayan soltado todo su zumo. Dejamos reposar unos minutos.

2 Incorporamos el agua, mezclamos bien y colamos el resultado. Lo vertemos en una jarra y lo mezclamos con el vodka. Refrigeramos hasta que esté bien frío. Servimos con hielo y decoramos con fresas.

SUNDAE DE BROWNIE Y HELADO DE NUTELLA

Hay un helado que es el más fácil de preparar en el mundo mundial:
el de Nutella. Si eso lo combinamos con deliciosos trozos de brownie... te lo puedes
imaginar, ¿no? Te animo a que pruebes esta receta, ya sea en forma de sundae como
yo lo hago o, si te da pereza, que hagas sus componentes por separado. Tanto el helado
de Nutella como el brownie son una delicia. Además, el helado de Nutella
es especialmente fácil de hacer, ¡a prueba de torpes! Por otro lado, si te apetece innovar,
puedes incorporar otros ingredientes para que este sundae sea una verdadera
bomba como, por ejemplo, rodajas de plátano o sirope de chocolate.
Al final, ¡tu imaginación es el único límite!

Para las capas de brownie
115 g de mantequilla
210 g de azúcar moreno tipo panela
3 huevos medianos
120 g de harina
160 g de chocolate negro troceado
2 cucharadas de cacao en polvo sin azúcar

Para el helado de Nutella
400 ml de nata para montar de 35 % MG
50 ml de leche
250 g de Nutella
50 g de azúcar

Para decorar
100 ml de nata para montar de 35% MG
azúcar glas al gusto, sprinkles

Precalentamos el horno a 180 °C. En primer lugar, derretimos el chocolate troceado con la mantequilla en un cazo grande al fuego. Cuando estén disueltos, retiramos del fuego.

Incorporamos los huevos y el azúcar moreno. Batimos muy bien hasta conseguir una mezcla homogénea. Le añadimos el cacao en polvo y la harina tamizada, y revolvemos bien. Vertemos la preparación en un molde de 27 cm por 17,5 cm previamente engrasado o forrado con papel de hornear.

Horneamos a 180 °C durante 25-30 minutos o hasta que al pinchar con un palillo este salga con migas pegadas pero no líquido. Reservamos.

Preparamos el helado: batimos la Nutella con el azúcar y la leche hasta tener una mezcla homogénea. Incorporamos poco a poco la nata y batimos 2 minutos más, o hasta que esté todo integrado. Pasamos la mezcla a la heladera, siguiendo las instrucciones del fabricante. Cuando el helado esté cremoso podemos usarlo para montar directamente los vasitos, o congelarlo y usarlo más adelante.

Para montar los vasitos, cortamos discos de brownie del tamaño del vaso que vayamos a utilizar. Alternamos el helado con los discos de brownie. Montamos la nata con el azúcar glas y la repartimos entre los vasitos. Decoramos con sprinkles justo antes de servir.

OTOÑO

TARTA DE LA ABUELA

¿Quién no ha probado alguna vez la tarta de la abuela? Sí, esa que alterna capas de galletas bañadas en leche con natillas de sobre y chocolate fundido por encima. Creo que fue la estrella del 99 por ciento de los cumpleaños a los que asistí cuando era chiquitita y, sinceramente, me sigue gustando tanto como entonces. La versión que te propongo es un poco más «sofisticada». En lugar de natillas de sobre prefiero la crema pastelera, y la cobertura de chocolate es una ganache, más suave y cremosa que el clásico chocolate fundido. Espero que te guste tanto como a mí. Y si no, ¡pues me la envías y yo me la como! Jajaja.

Para la crema pastelera
750 ml de leche
150 g de azúcar
6 yemas de huevo
30 g de maicena

Para la ganache de chocolate
200 g de chocolate negro
200 ml de nata de montar de 35 % MG
1 cucharada de mantequilla, a temperatura ambiente

2 paquetes de galletas tostadas
2 vasos de leche

Engrasamos un molde cuadrado desmontable de 30 cm (también podemos usar una fuente de horno de cerámica). Colocamos un papel de horno en la base (para facilitar el desmoldado).

Preparamos la crema pastelera: en un cazo calentamos la leche con la mitad del azúcar. Mientras tanto, batimos enérgicamente las yemas con el resto del azúcar y la maicena, hasta que no haya ni un grumo.

Cuando la leche empiece a humear, la vertemos sobre las yemas sin dejar de remover. Una vez que esté todo disuelto, vertemos la mezcla en el cazo y calentamos de nuevo sin dejar de remover hasta que se empiece a espesar. En el momento que comience a hervir, retiramos del fuego de inmediato. Cubrimos la crema pastelera con film transparente a piel hasta que esté templada.

Colocamos una primera capa de galletas tostadas en la base del molde, remojadas previamente en la leche. Extendemos la crema pastelera tibia sobre las galletas. Cubrimos con una nueva capa de galletas empapadas en leche.

Metemos la preparación en el frigorífico mientras preparamos la ganache. Troceamos el chocolate negro y lo colocamos en un bol resistente al calor. En un cazo, calentamos la nata hasta que comience a hervir. La vertemos sobre el chocolate. Removemos hasta que se deshaga el chocolate y la ganache esté brillante. Incorporamos la mantequilla y removemos para que se integre.

Sacamos la tarta del frigorífico y la cubrimos con la ganache. Podemos espolvorear unos sprinkles para decorar. Dejamos reposar en el frigorífico al menos 4 horas (mejor de un día para otro). Servimos bien fría.

PAVLOVA DE OTOÑO

Los que me seguís ya sabéis que tengo debilidad por la pavlova. En este libro la he preparado en dos versiones, la hice de frutas tropicales en mi programa *Dulces con Alma* y en *Objetivo Tarta Perfecta* la preparé con frutos rojos. Sea como sea, es un postre que nunca falla, y que dejará con la boca abierta a todos los que la prueben. Lo mejor: puedes preparar los pisos de merengue con antelación y guardarlos en un lugar fresco y seco (nunca en un tupper, que los reblandecería). Después, cuando sea el momento solo tienes que hacer el relleno y montarla justo antes de servir.

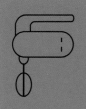

Nota
Muchas veces, cuando cortamos la pavlova en porciones, se desmorona. ¡Es normal! Si queréis un corte limpio en una tarta pavlova, os aconsejo que la hagáis de una sola capa de merengue, con el relleno encima (véase página 16).

Para los pisos de merengue
215 g de azúcar
1 ½ cucharadas de maicena
4 claras de huevo
1 ½ cucharaditas de vinagre blanco
1 cucharadita de canela

Para las peras al vino
4 peras
500 ml de vino tinto
150 g de azúcar
1 ramita de canela

Para el relleno
300 ml de nata de montar de 35 % MG
200 g de queso Philadelphia
100 g de azúcar

Para decorar
1 granada
un puñado de almendras laminadas
azúcar glas

1 Precalentamos el horno a 110 °C. Recortamos dos círculos de papel de horno de 20-22 cm de diámetro (usando un plato o molde como guía). Los colocamos sobre una bandeja de horno plana.

2 Montamos las claras a punto de nieve. Cuando empiecen a hacer espuma incorporamos poco a poco la mitad del azúcar mientras seguimos batiendo. Cuando haga picos duros incorporamos el resto del azúcar, mezclado con la maicena y la canela, y finalmente el vinagre.

3 Dividimos el merengue entre los papeles de horno, extendiéndolo con una espátula. Horneamos los merengues durante 2 horas, hasta que estén secos al tacto. Apagamos el horno y los mantenemos dentro hasta que se enfríen por completo.

4 Preparamos las peras al vino: en un cazo profundo vertemos el vino, el azúcar y la ramita de canela. Empezamos a calentarlo un poco mientras pelamos las peras. Las ponemos en el vino. Podemos cocerlas enteras o en cuartos.

5 Dejamos que cuezan lentamente durante 25-30 minutos o hasta que estén blanditas. Las sacamos y las escurrimos bien. Reservamos en el frigorífico.

6 Una vez que esté frío el merengue y vayamos a montar la pavlova, batimos bien el queso con el azúcar hasta que esté esponjoso. Incorporamos la nata y batimos para tener una mezcla cremosa y homogénea.

7 Tostamos las almendras laminadas colocándolas en una bandeja de horno y horneándolas en torno a 10 minutos a 180 °C (¡cuidado, que no se quemen!). Para montar la tarta, colocamos en primer lugar una capa de merengue y encima, la mitad de la crema de queso y nata.

8 Colocamos dos peras en rodajas y espolvoreamos con las almendras y la granada. Repetimos la operación. Servimos de inmediato o conservamos en el frigorífico (no más de 2 o 3 horas, ya que la nata empieza a bajarse y al empapar el merengue, este no queda tan crujiente).

MUFFINS DE MANZANA Y PECANAS

Las nueces pecanas son los frutos secos que más me gustan en el mundo mundial. Hace unos años eran difíciles de encontrar, pero hoy en día casi todas las tiendas de frutos secos las tienen (y también muchos supermercados y centros comerciales). Su combinación con la manzana hace de estos muffins una delicia plenamente otoñal, perfecta tanto para el desayuno como para merendar o picar entre horas. Además, la jugosidad de la manzana hace que duren tiernos muchos días.

Para 12 muffins grandes

320 g de harina
1 cucharadita de bicarbonato sódico
2 cucharaditas de canela en polvo
120 ml de aceite de oliva suave
220 g de azúcar blanco
80 g de azúcar moreno
4 huevos medianos
300 ml de puré de manzana (véase nota al final de la receta)
100 g de nueces pecanas peladas más un puñado para decorar
1 cucharada de copos de avena
2 cucharadas de almendras molidas (harina de almendras)

Calentamos el horno a 180 °C y preparamos la bandeja con las cápsulas de muffins. También puedes usar cápsulas de cupcakes, de las grandes.

Tamizamos la harina con el bicarbonato y la canela. Reservamos.

Batimos el aceite con los dos tipos de azúcar. Añadimos los huevos y el puré de manzana y batimos hasta tener una mezcla homogénea. Incorporamos la harina tamizada y mezclamos hasta tener una masa bien homogénea. Echamos los 100 g de nueces, picadas.

Repartimos la masa entre las cápsulas. Tienen que quedar llenas hasta el borde del molde metálico. Decoramos los muffins antes de hornearlos: colocamos dos o tres nueces en cada uno. Además, mezclamos bien los copos de avena con la harina de almendras y espolvoreamos por encima.

Horneamos unos 25 minutos (o hasta que al insertar un palillo este salga limpio). Dejamos enfriar sobre una rejilla.

Nota

El puré de manzana puedes comprarlo preparado en herbolarios y grandes superficies (debe ser solo manzana, sin azúcares añadidos) o puedes prepararlo casero, asando las manzanas en el horno o el microondas y después pasándolas por el pasapurés.

STICKY TOFFEE PUDDING

Una de las delicias de la repostería tradicional inglesa: un pudin calentito con
sabor a tofe y una salsa de caramelo para caerse de culo (perdón por
la expresión). Si no te gustan los dátiles, no te preocupes, no sabe a dátiles...
¡sabe a amor! En serio, el sabor es plenamente de tofe,
y la textura es ultrajugosa.

Nota

Si no los vas a comer en el momento, puedes conservar los púdines en sus moldes,
ya sean de cerámica o desechables, cubiertos con film transparente. También la salsa
la puedes conservar una semana en el frigorífico. Para calentarlos, dales un toquecito
en el microondas y sírvelos bañados en la salsa caliente.

225 g de dátiles deshuesados

175 ml de agua hirviendo

175 g de harina

140 g de azúcar moreno

1 ¾ cucharaditas de levadura química

1 cucharadita de bicarbonato sódico

2 huevos medianos

85 g de mantequilla a temperatura ambiente

2 cucharadas de melaza

100 ml de leche

Para la salsa de tofe

175 g de azúcar de caña integral (tipo panela)

50 g de mantequilla a temperatura ambiente

225 ml de nata de montar de 35 % MG

1 cucharada de melaza

1 Colocamos los dátiles en un bol y vertemos encima el agua hirviendo. Dejamos que reposen durante 30 minutos, tapados. Pasado ese tiempo, los trituramos con la picadora (también los podemos aplastar con ayuda de un tenedor). Reservamos.

2 Engrasamos las flaneras (metálicas o de cerámica) y precalentamos el horno a 180 °C. Batimos la mantequilla con el azúcar hasta que estén perfectamente integrados.

3 Incorporamos los huevos, de uno en uno, y a continuación la melaza. Tamizamos la harina con el bicarbonato y la levadura y la añadimos también, sin dejar de remover.

4 Añadimos la leche y removemos hasta que la mezcla sea perfectamente homogénea.

5 Finalmente incorporamos los dátiles que habíamos triturado. Mezclamos hasta tener una masa homogénea.

6 Repartimos la masa entre las flaneras y horneamos entre 20 y 25 minutos. No hay que llenarlas demasiado, ya que la masa crece bastante en el horno y puede desbordarse si hay un exceso.

7 Para preparar la salsa, calentamos la mitad de la nata con el azúcar y la mantequilla. Cuando empiece a hervir, añadimos la melaza y dejamos que hierva hasta que tenga un color de tofe intenso. Retiramos del fuego y añadimos el resto de la nata.

8 Desmoldamos los púdines y los servimos calientes, con la salsa encima. (Si se enfría la salsa, habrá que calentarla de nuevo, ya que de lo contrario estará demasiado densa.)

MANZANAS DE CARAMELO

En mi viaje de novios estuve en Nueva Orleans y me quedé impactada por la cantidad de tiendas donde vendían manzanas bañadas en caramelo. Y no, no eran las clásicas manzanas rojas con caramelo pegajoso... Eran manzanas bañadas en un caramelo tipo tofe delicioso. Además, en todas las confiterías vendían pralinés, tortugas de nueces pecanas, tofe... Sin duda, el hecho de que las plantaciones cercanas fueran de caña de azúcar influyó de forma evidente en los dulces tradicionales de la zona. Precisamente allí, en una publicación local, encontré la receta para preparar este tipo de manzanas y la he adaptado a nuestros ingredientes... ¡Espero que te gusten!

Para 12 manzanas
12 manzanas Granny Smith
400 ml de leche condensada
150 ml de nata de montar de 35 % MG
100 g de mantequilla
300 ml de glucosa o sirope de maíz
200 g de azúcar de caña integral tipo panela
200 g de azúcar blanco

Para decorar
grageas de colores
Oreos trituradas
sprinkles
granillo de chocolate
granillo de avellana o almendra, etc.

Lavamos las manzanas y les quitamos el rabito. En su lugar, clavamos un palito de brocheta, un palillo chino o incluso un tenedor de madera. Es muy importante que nos aseguremos de que está bien clavado, si no, podemos provocar un desastre. Mezclamos la leche condensada con la nata y reservamos.

En un cazo grande colocamos la glucosa con el azúcar de caña integral y el azúcar blanco. Calentamos hasta que comience a hervir y en ese momento retiramos del fuego y añadimos la mantequilla. Removemos muy bien hasta que se integre.

Ponemos de nuevo al fuego y, cuando vuelva a hervir, comenzamos a añadir poco a poco la mezcla de leche condensada y nata, sin dejar de remover, de forma que siga hirviendo. Cuando hayamos añadido toda la mezcla, seguimos removiendo hasta que alcance los 120 °C. ¡Tardará mucho! En ese momento retiramos del fuego y esperamos a que deje de burbujear.

Bañamos las manzanas, con cuidado de no quemarnos, y vamos colocándolas sobre papel de horno o una lámina de silicona. Para decorarlas, las espolvoreamos con el topping elegido cuando el caramelo está aún caliente. Después las dejamos enfriar.

Esperamos a comerlas cuando se hayan enfriado por completo. Se pueden conservar en el frigorífico durante 3 o 4 días.

PETITS CHOUX DE CASTAÑAS

Las castañas asadas son uno de mis caprichos habituales cuando llega el otoño…
y ya no quiero decir nada del puré de castañas como relleno para mis dulces
favoritos… En este caso traigo la receta para preparar los deliciosos petits choux
con un precioso *craquelin* por encima. Aunque parezcan algo complicados,
te prometo que son mucho más fáciles de preparar de lo que aparentan…
¡y encima están tan buenos!

Nota

Puedes teñir el *craquelin* de colores para darle un aspecto aún más decorativo a tus
petits choux. Solo tienes que añadir el colorante en pasta cuando tengas la masa lista,
antes de estirarla. ¡Ah! Y si el relleno de castañas te da respeto, no dudes en probar
rellenos más clásicos como crema pastelera, nata o trufa.

Para la masa choux
250 ml de agua
100 g de mantequilla en trocitos
5 g de sal
5 g de azúcar
150 g de harina
4 huevos medianos

Para el puré de castañas
500 g de castañas

Para el almíbar
500 g de azúcar
125 ml de agua

Para el *craquelin*
95 g de harina
75 g de mantequilla a temperatura ambiente
95 g de azúcar moreno

1 Preparamos el *craquelin*: batimos la mantequilla con el azúcar y la harina hasta tener una masa homogénea. La estiramos entre 2 papeles de horno con el rodillo, hasta lograr un grosor de 2 o 3 mm. La refrigeramos hasta que esté bien firme (unos 30 minutos).

2 Calentamos el agua con la mantequilla, la sal y el azúcar. Cuando hierva y se funda la mezcla retiramos del fuego y agregamos la harina. Removemos con fuerza para que no queden grumos. Secamos un poco la masa, retiramos del fuego y pasamos a un bol.

3 Incorporamos 3 huevos de uno en uno, esperando hasta que se incorpore cada uno antes de añadir el siguiente. Batimos el cuarto huevo y lo añadimos poco a poco, no todo de golpe. (Si tienes dudas mira la receta de los éclairs de la pág. 52). Vertemos la masa en la manga pastelera.

4 Precalentamos el horno a 180 °C. Sobre una bandeja de horno cubierta con papel, usando una boquilla redonda, hacemos «bolitas» de 3 o 4 cm de diámetro. Sacamos el *craquelin* del frigorífico y cortamos discos del mismo tamaño usando la parte de atrás de una boquilla.

5 Encima de cada bolita de choux colocamos un disco de *craquelin*. Es importante que quede bien centrado y que no se nos rompa. El *craquelin* que sobra se puede volver a amasar, estirar y refrigerar para usarlo de nuevo en otra ocasión.

6 Horneamos 15 minutos o hasta que los petits choux estén doraditos y secos. Al igual que en los éclairs, es muy importante esperar hasta que estén bien secos, o se pondrán gomosos con el relleno. Además, ¡no abras el horno a mitad de cocción o se deshincharán!

7 Colocamos las castañas en un cazo con agua fría y las llevamos a ebullición durante 8 minutos. Las pelamos. Las cocemos 10 minutos más. Las trituramos con el robot y reservamos. Preparamos un almíbar cociendo el agua con el azúcar hasta que este se disuelva y quede bien denso.

8 Incorporamos el almíbar al puré de castañas y cocemos a fuego lento durante 10-15 minutos hasta que se espese y oscurezca. Dejamos enfriar cubierto con film transparente a piel. Rellenamos los choux con la crema de castañas por la base, con ayuda de una manga pastelera.

CRUMBLE DE MANZANA Y PERA

Este postre tan sencillo es uno de mis favoritos para cuando los días empiezan a acortarse y se acerca poco a poco el invierno. Es muy popular en Inglaterra, donde nació durante la Segunda Guerra Mundial como alternativa económica a los clásicos *pies*. Los ingleses preparan una versión deliciosa con manzana y ruibarbo (sí, ese delicioso vegetal tan difícil de encontrar en España), pero ante su escasez nosotros nos tendremos que limitar a hacer el clásico crumble de manzana y pera. Calentito sabe delicioso, acompañado de helado de vainilla o nata montada.

Para las «migas»
70 g de harina
110 g de azúcar de caña integral
1 cucharadita de canela
95 g de mantequilla fría en dados pequeños
100 g de copos de avena

Para el relleno
800 g de peras bien maduras
500 g de manzanas reinetas
el zumo de 1 limón
3 cucharadas de azúcar de caña integral
un puñado de pasas (opcional)
1 cucharadita de canela

Precalentamos el horno a 180 °C. Engrasamos un molde circular o rectangular de cerámica.

En la picadora (o con unos cuchillos), mezclamos todos los ingredientes de las «migas» menos la avena hasta que parezcan, literalmente, migas. Es muy importante que la mantequilla esté bien fría porque de lo contrario se formará una gran bola y ya no tendremos migas. Pasamos la mezcla a un bol e incorporamos los copos de avena. Reservamos en el frigorífico.

Descorazonamos y pelamos las peras y las manzanas. Las cortamos en cubos y las colocamos en un bol, bien bañadas en el zumo de limón, para evitar que se oxiden. Añadimos el resto de los ingredientes del relleno. Removemos bien, pasamos la mezcla al molde y la cubrimos con la mezcla de «migas» que habíamos preparado.

Horneamos unos 40 minutos o hasta que las «migas» estén doraditas y el relleno empiece a burbujear.

Truco
Si la mantequilla estaba blanda y al mezclar los ingredientes se ha formado en una gran bola de masa, puedes meterla en el congelador para que se endurezca y después rallarla con un rallador gordo sobre el relleno. ¡Se tarda un poquito más pero el resultado es bien chulo!

TARTALETA DE PECANAS

Durante años vi este *pecan pie* en los libros de recetas americanos y pensé: «Pufff… ¡menuda cosa rara han hecho!». Finalmente, en mi visita a Nueva Orleans durante el viaje de novios pude probar un trozo del famoso *pecan pie* en Mother's (¡restaurante superrecomendable y económico de cocina criolla y tradicional!), y creí que me iba a morir de amor ahí mismo. De hecho, repetí al día siguiente, y en todos y cada uno de los sitios en los que encontré *pecan pie*. A mi regreso probé varias recetas y finalmente esta versión es la que más me convence. Espero que te guste tanto como a mí, vaya… ¡que está de morirse!

Nota
Compra las nueces pecanas ya peladas si no quieres acordarte de mi y de toda mi familia cuando prepares la tarta. Es muy latoso pelarlas y, la verdad, no merece la pena.

Para la masa	Para el relleno
200 g de harina	4 huevos medianos
1 cucharada de azúcar	250 ml de sirope de maíz
1 cucharadita de sal	50 g de azúcar blanco
115 g de mantequilla	50 g de azúcar moreno
45 ml de agua helada	60 g de mantequilla derretida
	1 pizca de sal
	300 g de nueces pecanas peladas

1 En el robot de cocina, o con ayuda de un mezclador manual para masas, mezclamos la harina y la mantequilla. Cuando la mezcla parezca migas de pan, añadimos 50 ml de agua (que debe estar muy fría) poco a poco, sin dejar de mezclar.

2 Si la masa queda muy pegajosa, añadimos un poquito de harina. Si, por el contrario, se hace migas, incorporamos un poquito más de agua. Hemos de lograr una masa firme y no pegajosa. Hacemos una bola con la masa. La envolvemos en film y refrigeramos, al menos, 45 minutos.

3 Precalentamos el horno a 180 °C con calor arriba y abajo y engrasamos un molde con mantequilla. Pasado ese tiempo, estiramos la masa en círculo sobre una superficie enharinada (al principio cuesta un poco). Hay que tener mucho cuidado de que no se pegue.

4 Cuando tengamos un círculo de unos 28-30 cm de diámetro, lo pasamos al molde. Ajustamos bien la masa y cortamos lo sobrante dejando un reborde de 3 centímetros.

5 Con los dedos, vamos formando ondas con la masa. Otra opción es amasar y estirar los restos de la masa, cortar formas (hojas, corazones...) y congelarlas 10 minutos. Después las puedes pegar por todo el borde con un poco de agua.

6 Ponemos la masa en el frigorífico mientras preparamos el relleno. En un bol, mezclamos con unas varillas todos los ingredientes del mismo menos las nueces pecanas hasta tener una mezcla homogénea.

7 Incorporamos las nueces pecanas y removemos bien, para que queden totalmente cubiertas por la mezcla.

8 Vertemos la mezcla en el molde y horneamos 60-70 minutos o hasta que el relleno esté «asentado» y la masa, doradita. Sacamos del horno y dejamos que vuelva a temperatura ambiente. Refrigeramos al menos 4 horas antes de servir.

NIDOS DE FRUTOS ROJOS

Muchas veces me comentan mis alumnos y alumnas que cuando hacen una pavlova luego tienen problemas para cortarla (no vamos a mentir... ¡la verdad es que no es la tarta más fácil de cortar!). Por eso, en mis cursos empecé a mostrarles también la posibilidad de hacer nidos de merengue. Estos son mis favoritos, que combinan el sabor tan especial de la granada con el de los frutos rojos.

Para la mermelada de granada
500 g de granada pelada
60 ml de agua
150 g de azúcar blanco
1 cucharadita de zumo de limón
4 g de agar-agar en polvo

Para los nidos
3 claras de huevo
120 g de azúcar blanco
60 g de azúcar glas

Para el relleno y la decoración
400 ml de nata de montar de 35 % MG
azúcar glas al gusto
400 g de frutos rojos
1 granada

Preparamos la mermelada casera de granada (podemos hacerlo el día anterior y conservarla en el frigorífico): en un cazo colocamos la granada y el agua. Comenzamos a calentar hasta que hierva, suavemente, mientras aplastamos los granos con una cuchara o con un mortero para que saquen todo su jugo. Pasados unos 10 minutos de cocción retiramos del fuego y colamos el jugo obtenido para eliminar todas las pieles y semillas.

Volvemos a colocarlo en el fuego, incorporamos el azúcar y el zumo de limón y calentamos a fuego lento hasta que empiece a espesarse un poco (seguirá siendo líquido, pero más gordito). Mientras hierve, incorporamos el agar-agar, removemos bien y cocemos 1 minuto más. Pasamos la mermelada a un bote y dejamos enfriar por completo. Conservamos en el frigorífico.

Para preparar los merengues precalentamos el horno a 100 °C con calor arriba y abajo, sin aire. Montamos las claras a punto de nieve usando unas varillas. Apenas empiecen a hacer espuma, comenzamos a incorporar el azúcar blanco poco a poco, de forma continua. Cuando tengamos un merengue firme, brillante, de pico duro, lo retiramos de la batidora e incorporamos el azúcar glas con ayuda de una lengua, haciendo movimientos envolventes para que no se baje.

Cubrimos una bandeja de horno con papel de horno o una lámina de silicona. Con una manga pastelera con boquilla de estrella, hacemos con el merengue espirales con forma de cesta, que serán los nidos de merengue. Horneamos los merengues durante 1 ½ hora o hasta que resulten secos al tacto. Después, apagamos el horno y los dejamos dentro hasta que el horno se enfríe.

Con el merengue ya preparado, el montaje es facilísimo: montamos la nata, bien fría, endulzándola al gusto con azúcar glas. Rellenamos cada nido primero con una capa de mermelada de granada (primero hay que moverla un poco). Encima colocamos una cucharada de nata y, finalmente, decoramos con los frutos rojos y la granada.

TARTALETA DE MANTEQUILLA DE CACAHUETE

No existe en el mundo nada que me pueda gustar más que esta *Peanut butter cream pie*. Bueno, miento, lo que más me gusta no es la tartaleta entera... sino el relleno. Podría comerme TODO el relleno a cucharadas y aún querer más. Y si no me crees, ya verás que al probar esta tarta tendrás una revelación y ya no podrás pensar en nada más. Se te aparecerá esta tarta en sueños, te acechará en los momentos de insomnio y te boicoteará una y otra vez la operación bikini. Vaya, que si la pruebas me odiarás de por vida...

Nota

Si no te gusta la mantequilla de cacahuete, utiliza Nutella para preparar esta tartaleta y sustituye las galletas digestive por galletas Oreo. A que ahora ya no te puedes quitar la idea de la cabeza, ¿verdad? ¡Bienvenido a mi mundo!

Para la base
200 g de galletas digestive
1 cucharada de azúcar
una pizca de sal
115 g de mantequilla

Para el relleno
375 ml de nata de montar de 35 % MG
250 g de queso de untar
150 g de azúcar blanco

250 g de mantequilla de cacahuete (sin trocitos)
1 cucharadita de extracto de vainilla
una pizca de sal

Para decorar
250 ml de nata de montar de 35 % MG
azúcar glas al gusto
chips de mantequilla de cacahuete
chips de chocolate negro
chocolatinas Reese's

1 Precalentamos el horno a 180 °C con calor arriba y abajo. Engrasamos un molde de 24 o 26 cm de diámetro. Para preparar la base, trituramos las galletas y fundimos la mantequilla. A continuación, mezclamos las galletas trituradas con el azúcar, la sal y la mantequilla fundida.

2 Cubrimos el molde con la mezcla. Es importante llegar bien hasta los bordes ya que la base encogerá un poco durante la cocción. Horneamos de 12 a 15 minutos a 180 °C, o hasta que esté doradita. Sacamos del horno y dejamos enfriar.

3 Una vez que la base esté fría, podemos empezar con el relleno: montamos la nata hasta que se formen picos suaves y reservamos en el frigorífico.

4 Batimos el queso de untar para que esté blandito. Incorporamos el azúcar y seguimos batiendo. Finalmente, añadimos la mantequilla de cacahuete, la sal y el extracto de vainilla, y batimos todo hasta que esté cremoso.

5 Con ayuda de una lengua, añadimos un tercio de la nata montada y mezclamos muy bien. Una vez que esté incorporada, seguimos añadiendo el resto de la nata, en este caso con movimientos envolventes, hasta obtener una mezcla supercremosa.

6 Vertemos el relleno en la base de galleta. (¡Cuidado! ¡Si la base está caliente, echará a perder el relleno!) Refrigeramos el conjunto durante, al menos, 4 o 6 horas.

7 Antes de servir, montamos la nata para decorar, endulzándola al gusto con azúcar glas. La extendemos sobre el relleno.

8 Decoramos el resultado con chips de chocolate, chocolatinas Reese's o cacahuetes tostados con miel.

BUNDT CAKE DE CALABAZA

Esta es, sin duda, mi mejor receta de bundt cake hasta el momento. La preparé hace ya bastante tiempo para el blog y desde entonces he recibido innumerables mensajes por correo electrónico donde me explicabais que había sido todo un éxito. Como os ha gustado tanto, no he podido evitar incluirla en este libro, pues ¿qué hay más otoñal que la calabaza?

Para un molde de bundt cake de 10 tazas o un molde redondo de 25 cm con agujero en el centro (llamado de savarín o corona)
250 g de mantequilla a temperatura ambiente
500 g de azúcar blanco
3 huevos medianos
400 g de harina
2 cucharaditas de bicarbonato sódico
150 ml de leche
425 g de puré de calabaza

1 cucharadita de canela
½ cucharadita de nuez moscada
½ cucharadita de jengibre molido

Para la salsa de caramelo salado
200 g de azúcar blanco
90 g de mantequilla
120 ml de nata de montar de 35 % MG
1 cucharadita de sal Maldon

Precalentamos el horno a 170 °C y engrasamos bien un molde con espray desmoldante o mantequilla y harina. Tamizamos la harina con el bicarbonato y las especias. Reservamos.

En un bol batimos la mantequilla con el azúcar, hasta que se blanquee. Incorporamos los huevos, de uno en uno. Añadimos el puré de calabaza. Cuando la mezcla sea homogénea, incorporamos la mitad de la harina, luego la mitad de la leche. Finalmente incorporamos el resto de la harina y de la leche. Vertemos la masa en el molde y horneamos en torno a 55 minutos o hasta que al introducir un palillo este salga limpio.

Sacamos el brudt cake del horno y esperamos AL MENOS 20 minutos antes de desmoldarlo (o se romperá). Dejamos enfriar por completo sobre una rejilla.

Mientras se enfría, preparamos la salsa de caramelo: colocamos el azúcar blanco en un cazo y lo calentamos a fuego medio, removiendo periódicamente, hasta que empiece a caramelizarse. Removemos para que se disuelva todo el azúcar, controlando el color, y cuando alcance un tono dorado clarito, retiramos del

fuego e incorporamos la mantequilla, con mucho cuidado (borboteará). Volvemos al fuego y removemos muy bien hasta que se incorpore por completo.

A continuación incorporamos la nata líquida. Seguimos removiendo sin parar, y esperamos a que comience a hervir de nuevo. Aguantamos en torno a 1 minuto y retiramos del fuego definitivamente. ¡Cuidado, que estará muy caliente!

Incorporamos la sal, removemos bien y vertemos el caramelo en un recipiente de cristal para que se enfríe.

Servimos el bizcocho bañado con la salsa de caramelo salado tibia.

Nota
El puré de calabaza puedes comprarlo preparado o hacerlo casero. Solo tienes que asar en el horno media calabaza a 180 °C, hasta que esté bien tierna. Después, una vez fría, pásala por el pasapuré y pesa 425 g.

DONUTS GLASEADOS

Confesaré que me da pereza a veces hacer donuts, por lo de tener que freírlos y tal... Pero es que están TAN BUENOS que enseguida venzo la pereza y me pongo a prepararlos como una loca donutera sin remedio. El trabajo que dan merece la pena por lo deliciosos que quedan, créeme. Eso sí, ten en cuenta que el aceite puede saltar, así que intenta que no haya niños cerca para evitar sustos.

Nota

Si quieres glasear los Donuts con chocolate solo tienes que sustituir 25 g del azúcar glas por cacao en polvo sin azúcar. Otra opción es bañarlos directamente en dulce de leche o Nutella. Por supuesto, el fondant líquido, que se vende en tiendas de repostería, es también otra cobertura posible.

Para 25 Donuts
500 g de harina de fuerza
200 g de harina común o de repostería (floja)
80 g de azúcar
1 cucharadita de sal
10 g de levadura seca instantánea de panadería
230 ml de agua

3 huevos medianos
40 g de mantequilla a temperatura ambiente.
aceite para freír

Para el glaseado
200 g de azúcar glas
2-3 cucharadas de agua

1 Mezclamos bien la harina, el azúcar, la sal y la levadura. Añadimos el agua y los huevos batidos. Amasamos unos 5 minutos hasta obtener una masa homogénea. Puedes usar una amasadora con el gancho, o amasar a mano sobre una superficie enharinada.

2 Incorporamos la mantequilla en trocitos. Amasamos hasta obtener una masa lisa y elástica. Formamos una bola con ella y dejamos reposar 1 hora tapada con un papel film engrasado en un bol amplio, hasta que duplique su volumen.

3 Pasado ese tiempo, volvemos a amasarla un par de minutos sobre una superficie enharinada y la estiramos con ayuda de un rodillo, más o menos hasta que tenga 1 cm de grosor. Cortamos la masa con un cortador de Donuts.

4 Si no tienes un cortador de Donuts, puedes usar un cortador de 8 cm para el exterior y uno de 4 cm para el centro. Amasamos nuevamente los restos y luego estiramos y cortamos de nuevo hasta acabar con toda la masa. También puedes guardar los «centros» y hornear bolitas de Donut.

5 Colocamos los Donuts en una bandeja y los dejamos reposar nuevamente, cubiertos con film transparente, durante unos 30 minutos. Calentamos abundante aceite en una sartén.

6 La temperatura ideal es 168-170 °C (si está más caliente, se achicharran y no se cuece el interior, y si está más frío, chupan mucho aceite y quedan pesados). Doramos cada Donut por los dos lados y después los vamos colocando sobre papel de cocina para que absorba el exceso de aceite.

7 Mientras se enfrían, preparamos el glaseado: tamizamos bien el azúcar glas y añadimos el agua poco a poco, sin dejar de remover con unas varillas para evitar que se formen grumos. Estará listo cuando tenga la textura similar a un yogur batido.

8 Bañamos los Donuts con cuidado de que no se rompan y los colocamos sobre una rejilla para que pierdan el exceso de glaseado. Esperamos a que se seque el glaseado antes de almacenarlos o apilarlos.

SIDRA CALIENTE

Si mi debilidad en los mercados navideños alemanes es el *glühwein* (tienes la receta en las páginas 182 y 185, cuando he tenido la suerte de visitar Nueva York en otoño o invierno me he dedicado a beber sidra caliente *(apple cyder)* hasta la total saturación. (¡Una vez incluso me puse enferma del estómago! Si es que cuando me gusta algo no me controlo...) Al contrario de nuestra sidra, la sidra caliente que tanto se consume en Estados Unidos cuando llega el frío no tiene alcohol y es, más bien, un denso zumo de manzana con un toque de clavo y canela. Si no la has probado nunca, te animo a que lo hagas. Es amor total.

Opción 1
6-8 manzanas hermosas
1 naranja
3 ramitas de canela
4 clavos
100 g de azúcar blanco

Opción 2
1 litro de zumo de manzana ecológico
3 ramitas de canela
4 clavos
25-50 g de azúcar (al gusto)

Opción 1

Descorazonamos las manzanas, las cortamos en cuartos y las colocamos en una olla grande. Añadimos también la naranja, en rodajas, las ramitas de canela y los clavos. Agregamos agua suficiente para cubrir la fruta (no más, o quedará aguada). Calentamos hasta que comience a hervir el agua y después cocinamos, a fuego medio, durante 2 horas. La casa olerá a gloria bendita.

Pasado ese tiempo, en un mortero o con una cuchara de madera machacamos bien las frutas para que suelten todo el jugo. Colamos el resultado, aplastando bien todas las frutas para que no se pierda nada de sabor. Descartamos los restos de fruta pero no tiramos la canela ni los clavos, que volvemos a colocar junto con el jugo en la olla. Incorporamos el azúcar y cocemos durante media hora más, a fuego medio-alto, hasta tener un zumo denso y con un sabor increíble.

Se puede tomar caliente recién hecho o conservarlo en el frigorífico (aguanta aproximadamente 1 semana) y calentarlo antes de tomarlo.

Opción 2

Colocamos el zumo de manzana ecológico junto con las ramitas de canela, los clavos y el azúcar en un cazo. Cocemos a fuego lento durante 1 hora, hasta que esté bien infusionado y el sabor, muy concentrado.

Se puede tomar caliente recién hecho o guardarlo en el frigorífico (aguanta aproximadamente 1 semana) y calentarlo antes de tomarlo.

PIE DE MANZANA Y MORA

Desde que comencé con esto de la repostería me he sentido muy atraída por los clásicos *pies* americanos. Ya no solo por su gran variedad de sabores, sino también por sus decoraciones, que me tienen totalmente enamorada. En este caso te traigo un *pie* con una cubierta trenzada, que es un acabado que me vuelve absolutamente loca. Además, la combinación de manzana con mora es deliciosa. No dudes en sustituir las moras por arándanos o frambuesas si te apetece darle un toque diferente, y que no te asuste la decoración trenzada, ¡es mucho más fácil de lo que parece! En todo caso, si no te ves capaz o no tienes mucho tiempo, en lugar de hacer el diseño trenzado simplemente tienes que hacer un disco con la masa, cubrir con él el relleno y agujerear el centro (para que salgan los vapores de la cocción). Tanto con cubierta trenzada como lisa será un éxito, ¡y estará para chuparse los dedos!

Nota
Si no tienes moras, que no cunda el pánico; puedes usar arándanos o frambuesas, o incluso sustituir los frutos rojos por pera. Además, prueba a hacer esta tarta en verano con melocotones, ¡vas a alucinar!

Para la masa
400 g de harina
250 g de mantequilla muy fría cortada en cubos
60 ml de agua helada

Para el relleno
1 kg de manzanas reinetas
500 g de moras
45 g de harina

60 g de azúcar blanco
el zumo de 2 limones
45 g de mantequilla a temperatura ambiente

Para el montaje
1 yema de huevo
1 cucharada de leche
1 cucharada de azúcar

1 En el robot de cocina, o con ayuda de un mezclador manual para masas, mezclamos la harina y la mantequilla. Cuando la mezcla parezca migas de pan, añadimos 50 ml de agua bien fría poco a poco, sin dejar de mezclar. Hemos de lograr una masa firme y no pegajosa.

2 Sacamos la masa del robot de cocina y hacemos dos bolas iguales. Las envolvemos en film transparente y refrigeramos, al menos, 45 minutos. Pasado ese tiempo, engrasamos un molde de cerámica de 24 o 26 cm y precalentamos el horno a 180 °C.

3 Para preparar el relleno, pelamos las manzanas y las cortamos en trozos. Las colocamos con las moras en un bol y las rociamos con el zumo de limón, mezclando bien, para que no se oscurezcan. Incorporamos el azúcar y la harina. En otro bol, batimos la yema con la leche y reservamos.

4 Sobre una superficie enharinada estiramos una bola con un rodillo hasta que la masa tenga un diámetro de 28 o 30 cm. Forramos con ella el molde, ajustándola bien sin cortar lo que sobre por los bordes.

5 Vertemos encima el relleno que habíamos preparado. Añadimos también la mantequilla por encima, en trocitos, y refrigeramos de nuevo mientras preparamos la «tapa». Estiramos la otra bola de masa, hasta tener un cuadrado de unos 23 cm de lado.

6 Cortamos la masa en tiras de dos dedos de ancho. Pincelamos los bordes de la masa del molde con la mezcla de huevo y leche y colocamos encima las tiras, de forma que queden entretejidas: primero todas en un sentido y luego las que cruzan, levantando los cabos como sea necesario.

7 Aplastamos bien las uniones y cortamos el exceso de masa. Es importante no cortar muy a ras del borde, porque luego si encoge un poco nos quedará feo. Refrigeramos 20 minutos más. Finalmente, pincelamos toda la masa con la mezcla de huevo y leche.

8 Espolvoreamos la cucharada de azúcar por encima de la tarta y metemos la tarta en el horno durante 60 minutos hasta que se empiece a dorar y las manzanas estén tiernas y burbujeantes. La servimos templada, acompañada con helado de vainilla o canela.

INVIERNO

TARTA TATIN

Dice la leyenda que una de las hermanas Tatin, Stéphanie (1838-1917), estaba preparando una tarta de manzana en su restaurante de Lamotte-Beuvron (Sologne), cuando se dio cuenta de que había olvidado poner la masa quebrada en la base. Sin pensarlo, decidió poner la masa por encima y hornearla igualmente, lo que dio como resultado una de las tartas más deliciosas y típicamente francesas que existen. Para mi gusto, las mejores manzanas para preparar esta tarta son las reinetas, aunque puedes usar otra variedad que te guste. Y también, por qué no, puedes lanzarte a probar con peras... ¡una delicia muy invernal!

Nota

¡Cuidado! Al dar la vuelta a la tarta puedes quemarte con el caramelo. Hazlo siempre usando guantes de horno y sin niños cerca. Por otro lado, no esperes a que se enfríe para desmoldar, o el caramelo se endurecerá y se quedarán todas las manzanas pegadas al molde.

Para la masa quebrada dulce
200 g de harina
1 cucharadita de sal
100 g de mantequilla fría en cubitos
20 g de azúcar
1 huevo mediano
10 ml de agua fría

Para el caramelo seco
200 g de azúcar
50 g de mantequilla

Para el relleno
4 a 6 manzanas reinetas

1 Comenzamos con la base: colocamos en el bol de nuestra picadora la harina, el azúcar, la sal y la mantequilla. Cuando la masa parezca arenosa y la mantequilla se haya integrado por completo, incorporamos el huevo frío y el agua. Seguimos mezclando hasta tener una masa homogénea.

2 Hacemos una bola, la cubrimos con film transparente y refrigeramos al menos 30 minutos. Es importante refrigerarla para que después mantenga la forma en el horneado. Si no, se encogerá y estropeará la tarta.

3 Mientras se enfría, pelamos las manzanas, las descorazonamos y las colocamos en un bol, frotando antes cada una de ellas con medio limón (para evitar que se oxiden). Las cortamos en gajos o en cuartos, como más nos guste.

4 Pasado ese tiempo, colocamos el azúcar blanco en un cazo y preparamos un caramelo, calentándolo lentamente. Podemos remover con una cuchara para facilitar el proceso. Cuando el caramelo tenga un bonito color dorado, lo retiramos del fuego e incorporamos la mantequilla.

5 Mezclamos muy bien y, sin dejar de remover, volvemos al fuego para conseguir que se incorpore la mantequilla al caramelo (hay que evitar que se separen). Cuando burbujee, retiramos del fuego. Si nuestro cazo es apto para horno, no nos hará falta cambiar de molde el caramelo.

6 Vertemos el caramelo en el molde que vamos a utilizar (si no usamos un molde apto para horno) y colocamos las manzanas encima, bien dispuestas y sin dejar grandes huecos. A mí me gustan en trozos grandes para darle a la tarta un aspecto rústico.

7 Estiramos la masa, ya fría, sobre una superficie enharinada hasta que tenga un diámetro suficiente para cubrir el molde. Cortamos la masa del tamaño exacto del molde (yo suelo usar un plato del mismo tamaño que el molde como guía). La colocamos sobre las manzanas.

8 Horneamos durante 30-35 minutos a 180 °C, hasta que la masa tenga un color dorado y se vea burbujear el caramelo. Desmoldamos la tarta con cuidado, sin esperar más de 5 minutos, ayudándonos con un plato (como cuando damos la vuelta a la tortilla de patatas) y la degustamos templada.

CHOCOLATE CON CHURROS

Cuando era pequeña adoraba bañar galletas María untadas con mantequilla en el chocolate a la taza que preparaba mi madre. Hoy en día me he pasado a los churros, e incluso me he lanzado a hacerlos en casa con esta receta tan sencilla. Verás que es mucho más fácil de lo que parece y que, una vez que les cojas el truco, ¡ya no comerás otra cosa! Eso sí, no olvides seguir todas las instrucciones (para no quemarte) y si vás a hacerlos con manga pastelera, ¡que sea de tela! Las de plástico se rompen.

Para 12 churros
aceite de oliva suave abundante, para freír
240 ml de agua
130 g de harina
1 cucharadita de sal
1 cucharada de aceite
azúcar blanco abundante, para rebozarlos

Para el chocolate
300 g de chocolate negro
120 g de azúcar blanco
25 g de maicena
1 litro de leche entera

Ponemos el agua a hervir con la sal y la cucharada de aceite. En cuanto comience el hervor, vertemos la harina de golpe y retiramos del fuego. Removemos con una cuchara de madera, sin parar, hasta que tengamos una masa homogénea, sin grumos de harina cruda.

Ponemos el aceite a calentar en un cazo y pasamos la masa a una churrera (también puedes usar una manga pastelera de tela con una boquilla rizada, nunca lisa, pues haría que explotaran). Damos forma a los churros con nuestra churrera y comenzamos a freírlos. Yo suelo empezar friendo uno, para comprobar la temperatura del aceite. Iremos por tandas, esperando hasta que estén dorados antes de sacarlos con una

espumadera. ¡Cuidado! A veces salta el aceite, no te acerques mucho.

Una vez que estén listos, quitamos el exceso de aceite poniéndolos sobre papel de cocina y después los rebozamos en azúcar blanco antes de servirlos.

Para preparar el chocolate a la taza diluimos la maicena en un vaso de leche. Reservamos. Ponemos el resto de la leche con el azúcar en un cazo a calentar y, cuando empiece a hervir, incorporamos el chocolate. Retiramos del fuego y removemos hasta que se deshaga. A continuación agregamos el vaso de leche y seguimos removiendo hasta que quede bien espesito. Servimos ¡y a disfrutar!

TRONCO DE NAVIDAD

Durante años huí de los troncos de Navidad como de la peste. Los recordaba de mi infancia como algo un tanto seco y empalagoso y, a la hora de buscar postres con los que endulzar mi fiesta navideña, siempre trataba de evitarlos. Sin embargo, las Navidades pasadas di, por fin, con la receta perfecta para lograr un tronco de Navidad jugoso y suave, de los que dan ganas de repetir, y repetir, y repetir...

Nota

Esta versión lleva crema de Nutella como cobertura y ganache como relleno, pero no dudes en hacerlo al revés: rellenar con la crema de Nutella y decorar con el ganache, ¡está igualmente impresionante! Otra opción es rellenar con mermelada de naranja, almibarar con Cointreau y cubrir con ganache de chocolate negro... ¡Ay! ¡Madre mía qué de alternativas!

Para el bizcocho
3 huevos medianos, separados
100 g de azúcar
20 g de cacao
20 g de harina

Para el relleno
150 g de chocolate negro
150 ml de nata de montar de 35 % MG

Para decorar
2 claras de huevo
120 g de azúcar blanco
160 g de mantequilla a temperatura ambiente
2 cucharadas hermosas de Nutella

1 Precalentamos el horno a 200 °C. En un bol, montamos las claras a punto de nieve, añadiendo poco a poco el azúcar, hasta lograr picos firmes. En otro bol, batimos las yemas hasta que se esponjen. Las incorporamos a las claras con una espátula, haciendo movimientos envolventes.

2 Finalmente, añadimos la harina, tamizada con el cacao. Lo hacemos también con movimientos envolventes y con mucho cuidado para no bajar la masa.

3 Mezclamos bien hasta que la masa esté homogénea y brillante, pero se mantenga firme. Engrasamos un molde o bandeja y cubrimos la base con papel de horno (yo uso una bandeja de 40 cm por 27 cm y 1,5 cm de alto).

4 Extendemos la masa en el molde con una espátula, tratando de dejarla lo más uniforme posible. Horneamos 10 minutos.

5 Nada más sacar el bizcocho del horno, separamos los bordes con ayuda de la espátula y lo volcamos sobre un papel de horno cubierto con una fina capa de azúcar glas. Con mucho cuidado, quitamos el papel de horno. Lo enrollamos con cuidado.

6 A parte, troceamos el chocolate negro y lo colocamos en un bol resistente al calor. En un cazo, calentamos la nata hasta que comience a hervir. La vertemos sobre el chocolate y removemos hasta que se deshaga y la ganache esté brillante. La dejamos enfriar cubierta por un film a piel.

7 Para preparar la crema calentamos las claras y el azúcar al baño María sin dejar de remover, hasta que alcance 55 ℃ (o hasta que el azúcar esté disuelto). Las montamos a punto de nieve. Incorporamos la mantequilla y después la Nutella y batimos al menos 3 minutos más a velocidad máxima.

8 Desenrollamos el bizcocho y lo rellenamos con la ganache usando una espátula. Lo enrollamos con mucho cuidado. A continuación, cubrimos el tronco con la crema de Nutella. Usamos la espátula para darle el aspecto final de tronco de árbol.

COMPOTA DE NAVIDAD

Esta compota me ha acompañado durante todas las Navidades de mi vida, desde que tengo memoria. En todos mis recuerdos de las cenas de Nochebuena aparece el aroma a compota inundando la planta baja de la casa de mi abuela (¡para horror de mi pobre hermano, al que no le gustaba!). La receta, que era de mi abuela paterna, fue recopilada por mi tía Chucha y, ya sea ella o sea mi madre quien la prepare actualmente, no hay Navidad en la que falte.

Ingredientes

200 g de orejones (melocotones secos)
200 g de ciruelas deshidratadas
4 manzanas reinetas grandes
4 peras de invierno
300 g de azúcar
2 ramitas de canela
agua hasta cubrir

Pelamos las peras, las descorazonamos y las cortamos en cuartos.

Las ponemos en una cacerola grande junto con las ramitas de canela, el azúcar, los orejones y las ciruelas, y cubrimos con agua. Llevamos a ebullición y dejamos que se cocine a fuego lento.

Cuando las peras empiecen a ablandarse, añadimos las manzanas reinetas, peladas, sin carazón y en cuartos. Seguimos cocinando hasta que todas las frutas estén blanditas (si es necesario incorporamos más agua durante la cocción, ya que queremos que al final quede bastante caldo).

El tiempo de cocción dependerá de la dureza de las frutas. En cuanto estén bien cocidas, pero sin que se deshagan, las retiramos del fuego.

Servimos la compota fría.

ROSCÓN DE CHOCOLATE

Las Navidades pasadas compartí en mi blog una receta de roscón fácil
y resultona que os encantó. Por esa razón, no he dudado en incluir
en esta ocasión mi receta favorita para hacer el roscón: la del roscón
de chocolate. Es una idea muy original para sorprender a los
invitados, y lo puedes servir tal cual o relleno de nata o trufa.
Ojo, ¡queda jugosísimo y no sobran ni las migas!

Nota

Preparar trufa para rellenar el roscón es sencillísimo: calienta 375 ml de nata de
montar (35% de MG) en un cazo y añade 50 g de azúcar. Cuando empiece a hervir,
vierte la mezcla sobre 125 g de chocolate negro troceado. Remueve hasta obtener una
mezcla homogénea y brillante. Deja enfriar, cubierta, durante al menos 4 horas. Para
lograr la trufa, monta la mezcla con unas varillas y ¡lista!

Para la masa del roscón
400 g de harina de fuerza
30 g de cacao en polvo puro sin azúcar
180 ml de leche
2 huevos medianos
7g de levadura seca (o 21g de levadura fresca)
60 g de mantequilla a temperatura ambiente
100 g de azúcar blanco

5 g de sal
2 ramitas de canela
1 vaina de vainilla, abierta por la mitad

Para la ganache
150 g de chocolate negro
150 ml de nata de montar de 35 % MG
25 g de mantequilla

1 Hervimos 1 minuto la leche con la canela y la vainilla. Retiramos del fuego y la dejamos infusionar, tapada, hasta que esté tibia. La colamos y añadimos el azúcar y la sal. Reservamos. En un bol, incorporamos a la harina mezclada con el cacao y la levadura, la leche infusionada y los 2 huevos, batidos.

2 Con las manos o con el gancho de la amasadora, amasamos hasta obtener una masa elástica y homogénea. Cuando la masa esté bastante lisa, incorporamos la mantequilla en trocitos, a temperatura ambiente. Seguimos amasando hasta que se integre por completo.

3 Colocamos la masa en un bol engrasado y cubrimos con film transparente para evitar que se forme una costra. Dejamos reposar en un lugar cálido hasta que doble su tamaño (tardará en torno a 1 hora).

4 Sacamos la masa del bol y hacemos una bola sobre una superficie enharinada. Es importante no añadir mucha harina en este punto, pues manchará nuestro roscón. Otra opción es amasarlo sobre cacao en polvo.

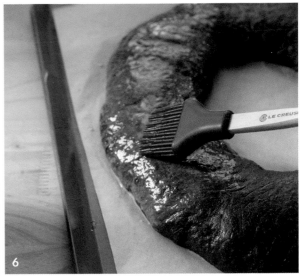

5 Hacemos un agujero en el centro y formamos el roscón sobre una bandeja cubierta con papel de horno. Es muy importante que hagáis un aro bien grande, muy espaciado, para que cuando crezca el roscón no se os cierre el agujero. También podéis hacer dos roscones más pequeños.

6 Dejamos reposar de nuevo al menos 30 o 40 minutos (o hasta que haya crecido visiblemente). Pintamos con huevo batido.

7 Horneamos el roscón a 190 °C durante 25 minutos. Lo dejamos enfriar antes de decorarlo con la ganache. Para preparar la ganache calentamos la nata hasta que comience a hervir. En ese momento, la vertemos sobre el chocolate.

8 Removemos sin parar hasta que se deshaga el chocolate y tengamos una ganache bien brillante. Incorporamos la mantequilla y removemos de nuevo hasta que se integre. Decoramos el roscón de inmediato. Podemos añadir chips de chocolate, granillo, etc.

PUDIN DE PLÁTANO

Este es uno de los postres más famosos en Estados Unidos y, sinceramente,
es tan fácil de hacer que una vez que lo probéis, ¡no podréis dejar de prepararlo!
Las capas de plátano y galleta se alternan con una de suave crema de canela...
¡una delicia! Para mi gusto, está riquísimo de un día para otro,
¡verás que se deshace en la boca!

Para un molde rectangular
(el mío mide 17 cm por 11 cm)
1 paquete de galletas tostadas
4 plátanos bien maduros
100 ml de nata de montar de 35 % MG
1 cucharada de azúcar glas

Para la crema
2 yemas de huevo
1 huevo mediano
175 g de azúcar blanco
3 cucharadas de harina
400 ml de leche
1 cucharadita de canela

Empezamos preparando la crema de canela. En un cazo, sin ponerlo todavía al fuego, mezclamos la harina, la canela y el azúcar. Añadimos las yemas y el huevo, y batimos bien hasta que estén integrados todos los ingredientes. Finalmente, añadimos la leche vertiéndola poco a poco, sin dejar de remover, a fin de que la mezcla sea homogénea.

Ponemos a calentar, a fuego medio, y seguimos removiendo de forma constante (para que no se pegue) hasta que empiece a espesar. Cuando comience a borbotear, retiramos del fuego. Pasamos la crema a otro recipiente y la dejamos templar cubierta a piel con un film transparente.

Comenzamos el montaje colocando una capa de galletas en la base del molde. Extendemos por encima una capa de crema de canela y encima una buena capa de plátano en rodajas. Seguimos alternando capas hasta utilizar toda la crema que habíamos preparado.

Montamos la nata, bien fría, la endulzamos con el azúcar glas y la extendemos sobre el pudin. Lo espolvoreamos con un poco de canela antes de servir.

BERLINAS RELLENAS

Cuando vivía en Alemania me volvían loca las berlinas. Recuerdo
concretamente que en una excursión que hicimos a Colonia vi una
pastelería que tenía decenas de berlinas en el escaparate, amontonadas,
rebosantes de mermelada de frambuesa… ¡parecían decir «cómeme»!
Desde entonces las he preparado mucho. A veces las relleno de crema pastelera,
otras veces de ganache de chocolate… pero sin duda estas son mis favoritas,
las más clásicas, rellenas de mermelada de fresa. De todas formas,
en este libro encontrarás también las recetas de la crema pastelera (pág. 102)
y de la ganache (pág. 158), ¡así que no dudes en probar otras variedades!

Nota

Me encanta rebozar las berlinas en azúcar, pero hay muchas más opciones. Puedes
preparar cualquiera de los glaseados que aparecen en la receta de los donuts de la página
134 o bañarlos en chocolate fundido, blanco, con leche o negro. No dudes en combinar
rellenos chocolateados con coberturas igualmente chocolateadas. ¡Es para morir de amor!

Para 22-24 berlinas:
400 g de harina de fuerza
300 g de harina común o de repostería (floja)
80 g de azúcar
1 cucharadita de sal
10 g de levadura seca instantánea de panadería
220 g de agua
aceite para freír

3 huevos medianos
50 g de mantequilla a temperatura ambiente

Para rebozar
azúcar blanco

Para rellenar
mermelada de fresa

1 En el bol de la amasadora mezclamos bien la harina, el azúcar, la sal y la levadura. Añadimos poco a poco el agua y a continuación los 3 huevos batidos. Amasamos unos 5 minutos usando el gancho, hasta obtener una masa homogénea.

2 Incorporamos la mantequilla en trocitos y seguimos amasando hasta que se integre por completo y la masa esté lisa y elástica. Formamos una bola con ella y la dejamos reposar 1 hora tapada con film engrasado. En ese lapso doblará aproximadamente su volumen.

3 Pasado ese tiempo, amasamos un par de minutos la masa sobre una superficie enharinada, para que se relaje un poco, y la estiramos con ayuda de un rodillo, más o menos hasta que tenga 1 cm de grosor.

4 Con un cortador de 8 cm de diámetro vamos cortando las berlinas. Volvemos a amasar los restos y los estiramos y cortamos de nuevo hasta acabar con toda la masa. Las vamos colocando en una bandeja y las dejamos reposar de nuevo, unos 30 minutos, cubiertas con film engrasado.

5 Calentamos abundante aceite en un cazo. Puedes usar también una freidora. Lo ideal es alcanzar una temperatura de aproximadamente 168-170 °C para evitar que las berlinas se quemen o queden aceitosas. Doramos cada berlina por los dos lados.

6 Tras freír cada berlina la ponemos sobre un papel de cocina para que suelte el exceso de aceite. Podemos freír varias a la vez.

7 Cuando estén templadas, rebozamos las berlinas en azúcar blanco (se puede añadir un poquito de canela o vainilla al azúcar para darles un toque especial).

8 Agujereamos cada berlina usando un palillo de brocheta e introducimos la manga pastelera cargada de mermelada de fresa para rellenarlas.

ARROZ CON LECHE

No lo creerás, pero cuando era pequeña odiaba el arroz con leche.
No lo podía soportar... ¡Era superior a mis fuerzas! Sin embargo,
con los años cada vez me gusta más... ¡confesaré que intento no hacerlo
mucho porque me como todo el resultado! Lo más importante es
que la cocción sea muy larga y a baja temperatura, para conseguir
la máxima cremosidad. Por cierto, me gustaría dedicárselo
a la tía de mi madre, Elvira, que hacía el mejor arroz con leche
del mundo mundial (y del que lamentablemente jamás se nos ocurrió
preguntarle la receta). He mejorado tanto haciéndolo estos últimos
años que creo que se sentiría orgullosa de mi humilde versión.

Para 4 raciones
1 litro de leche entera
150 g de arroz de grano redondo
140 g de azúcar blanco
2 ramitas de canela
la piel de 1 limón
una pizca de sal

En un cazo, colocamos el arroz y lo cubrimos con agua. Añadimos una pizca de sal. Hervimos durante 5 minutos, para ablandarlo un poquito. Después, retiramos del fuego y escurrimos. Reservamos.

Colocamos en una cazuela la leche con la canela y la corteza de limón. Calentamos hasta que empiece a hervir. En este momento, incorporamos el arroz previamente ablandado. Bajamos el fuego y hervimos, a fuego muy, muy lento, durante 40 o 50 minutos.

Removemos el arroz de cuando en cuando, para comprobar que no se está pegando.

Cuando el arroz resulte bien cremoso y esté muy blandito, incorporamos el azúcar, removemos bien y cocinamos 5 minutos más.

Retiramos del fuego y servimos en los recipientes deseados. Podemos espolvorear con canela. Se come frío o caliente, ¡a mí me gusta de las dos formas!

ROLLOS DE CANELA Y MANZANA

Si existe una receta que haya repetido más que ninguna desde que empecé a prepararla ha sido la de los rollos de canela. El aroma que invade la casa cuando se hornean y la delicia de comerlos calentitos para desayunar o merendar hace que sean uno de mis dulces favoritos, sobre todo en invierno. En este caso, te traigo mi versión más reciente (y adorada), la de los rollos de canela y manzana. La manzana les aporta un toque extra de jugosidad y hace que se mantengan tiernos por más días. Advierto que son simplemente adictivos. Créeme.

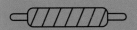

Nota

En las instrucciones te explico cómo hacerlo con la amasadora, pero puedes hacerlo exactamente igual amasando a mano. Simplemente recuerda que la masa resultante es pegajosa, así que no hace falta que añadas harina extra para que deje de serlo.

Para 12-15 rollos

300 g de harina común o de repostería (floja)
350 g de harina de fuerza
7 g de levadura seca de panadero
(o 21 g de levadura fresca)
250 ml de leche a temperatura ambiente
75 g de mantequilla a temperatura ambiente
75 g de azúcar blanco
½ cucharadita de sal
4 huevos medianos

Para el relleno de canela

100 g de azúcar de caña integral (panela)
100 g de azúcar blanco
2 cucharadas de harina
1 cucharada de canela
100 g de mantequilla fría cortada en cubitos

Para las manzanas

2 reinetas grandes
25 g de mantequilla a temperatura ambiente

Antes de hornear

3 cucharadas de leche

Para el glaseado

40 g de mantequilla a temperatura ambiente
115 g de azúcar de caña integral (panela)
80 ml de leche
300 g de azúcar glas

1 Mezclamos la mantequilla fundida con la leche, la sal y el azúcar. Reservamos. En la amasadora, usando el gancho, mezclamos la mitad de la harina con toda la levadura incorporando poco a poco la leche, a velocidad baja, y después los huevos, uno a uno. Añadimos el resto de la harina.

2 Amasamos unos 5 minutos más hasta lograr una masa homogénea, elástica, brillante y pegajosa (no añadas harina para intentar que deje de serlo). Dejamos la masa en un bol tapado con film transparente engrasado y en un lugar calentito durante 1 hora, hasta que haya doblado su volumen.

3 Para el relleno, mezclamos los ingredientes secos con la mantequilla bien fría, usando la picadora, hasta obtener una especie de «migas». Reservamos. Pelamos y cortamos en dados pequeños las manzanas y las cocemos a fuego lento unos 5 minutos con la mantequilla fundida. Reservamos.

4 En una superficie enharinada, amasamos 1 minuto con suavidad y estiramos la masa hasta lograr un cuadrado de 30 x 30 cm. Esparcimos el relleno de canela por encima aplastándolo un poco contra la masa, dejando un centímetro sin rellenar en un lado. Repartimos por encima las manzanas.

5 Enrollamos la masa empezando por el extremo opuesto al que habíamos dejado con ese centímetro libre. Pincelamos ese borde con leche para pegarlo bien contra la masa y para que después no se abran los rollos.

6 Cortamos el rollo en 12 o 15 hermosas «rodajas» de unos 3 dedos de ancho. Con cuidado, las colocamos en un molde bien engrasado (un molde bien grande o dos moldes medianos). Cubrimos con papel film engrasado y esperamos unos 30 minutos para que vuelvan a crecer.

7 Precalentamos el horno a 180 °C con calor arriba y abajo. Pincelamos los rollos con la leche para que brillen y los horneamos durante 25 minutos o hasta que al pinchar con un palillo este salga limpio. Una vez sacados del horno esperamos a que se enfríen.

8 En un cazo, fundimos la mantequilla con la panela. Vertemos la leche y removemos hasta que quede homogénea. Incorporamos el azúcar glas tamizado, y removemos con unas varillas. Ajustamos la consistencia añadiendo más leche. Cuando el glaseado esté listo decoramos los rollos.

MANZANAS ASADAS

Las manzanas asadas son uno de los postres más deliciosos
y sencillos de preparar. En este caso, te propongo una
versión un poco más sana de lo habitual, usando azúcar
de caña integral tipo panela, sirope de agave y copos de avena.
Además, cómo no, van acompañadas con un suave toque de canela...
¡son una delicia! Por cierto, si como a mí te gustan los frutos secos,
no dudes en incorporar unas nueces pecanas y unas avellanas
en el centro de cada manzana... ¡la combinación está de muerte!

Para 6 personas
6 manzanas reinetas
200 g de azúcar moreno de caña integral tipo panela
4 cucharadas de sirope de agave
un puñado de copos de avena
2 cucharaditas de canela
5 cucharadas de agua

Precalentamos el horno a 180 °C. En un bol, mezclamos el azúcar moreno con la canela. Reservamos.

Lavamos y descorazonamos las manzanas. Les hacemos un corte horizontal alrededor de toda la piel justo en el centro de la manzana, para evitar que se rajen durante el horneado.

Colocamos las 6 manzanas en un molde de cerámica o vidrio. Vertemos el azúcar mezclado con canela en cada uno de los agujeros que han quedado al descorazonar las manzanas. Encima, espolvoreamos los copos de avena. Regamos las manzanas con el agua antes de meterlas en el horno.

Horneamos durante 50 minutos, o hasta que al pinchar las manzanas con un cuchillo se noten blanditas. Si se secan, podemos añadir un poco más de agua.

Una vez pasado ese tiempo, las sacamos del horno, las rociamos con el sirope de agave y las servimos acompañadas con helado de vainilla casero.

NUBES CASERAS DE MIEL Y CANELA

Desde que descubrí que se podían preparar nubes caseras no he parado de hacer experimentos. En este caso te presento la que es mi receta más invernal: las nubes de miel y canela. Yo las he preparado con forma circular, pero puedes usar tu cortador favorito e incluso hacer formas con una manga pastelera.

Nota
Si quieres hacer nubes de colores no dudes en teñir la masa a tu gusto con colorantes en pasta tras haber añadido la miel. También puedes darles forma con una manga pastelera en lugar de usar un molde y cortadores.

Para la preparación base
12 g de gelatina en polvo
120 ml de agua

Para el sabor
150 g de azúcar blanco
60 ml de sirope de maíz o glucosa
60 ml de miel
60 ml de agua

Para la cobertura
100 g de azúcar glas
100 g de maicena
1 cucharadita de canela

1 Mezclamos los ingredientes de la preparación base (gelatina y agua) en un bol y dejamos reposar 5 minutos. A continuación, metemos el bol en el microondas 30 segundos a temperatura máxima.

2 Colocamos la mezcla en la batidora y comenzamos a batir con las varillas a máxima velocidad. Mientras tanto, en un cazo, colocamos el sirope de maíz (o glucosa) con el agua, la sal y el azúcar. Calentamos la mezcla hasta que alcance los 115 °C.

3 Mientras el sirope alcanza la temperatura, incorporamos la miel al bol de la batidora sin dejar de batir.

4 Añadimos también el sirope una vez alcanzados los 115 °C. ¡Cuidado, no te quemes! Batimos unos 5 minutos a velocidad media y otros 3 minutos a velocidad media-alta. No hay que batir la preparación mucho más tiempo ya que se endurecería demasiado.

5 Una vez que la mezcla esté esponjosa y parezca un merengue bastante firme, la pasamos a un molde previamente engrasado con espray desmoldante o un poquito de aceite de girasol.

6 En un bol, mezclamos todos los ingredientes de la cobertura. Tamizamos la mitad de esta mezcla sobre la masa de nubes, hasta cubrirla por completo.

7 Dejamos reposar 5 o 6 horas, hasta que las nubes estén firmes al tacto. Volcamos la masa sobre un papel de horno y procedemos a tamizar el resto de la cobertura sobre la parte que antes estaba en la base del molde.

8 Con un cortador circular, o de la forma deseada: osito, corazón..., cortamos las nubes en círculo; o simplemente en cuadros con un cuchillo. ¡Las posibilidades son infinitas!

NATILLAS DE CHOCOLATE

Fáciles de preparar y muy rápidas, las natillas son un clásico que nunca pasa de moda. En mi caso, confesaré que tengo debilidad por las natillas de chocolate (¡y les suelo poner una galleta María encima!). Si quieres darles un toque especial, no dudes en añadir una cucharadita de canela al azúcar blanco. Y si eres un poco más arriesgado, un par de cayenas machacaditas le dan un toque picante ¡delicioso!

Ingredientes

6 yemas de huevo
1 litro de leche entera
300 g de azúcar blanco
250 g de chocolate negro
1 cucharada de maicena (opcional)

En un cazo, colocamos la leche y el chocolate, bien troceado. Calentamos mientras removemos, para conseguir que el chocolate se deshaga por completo.

Mientras tanto, en un bol, batimos enérgicamente las yemas con el azúcar, para que se blanqueen. Apenas la leche comience a hervir, la retiramos del fuego y vamos incorporándola a las yemas, poco a poco, sin dejar de remover.

Cuando la mezcla esté homogénea, la vertemos de nuevo en el cazo y calentamos a fuego medio, sin dejar de remover, hasta que se espese. Es fundamental que no hierva, ya que se estropearía. Cuando esté gordita, la retiramos del fuego.

Vertemos las natillas en los moldes y las dejamos enfriar en el frigorífico al menos 2 horas. Las servimos acompañadas con nata montada y sprinkles de colores.

Si te gustan las natillas superespesitas, incorpora la cucharada de maicena al azúcar cuando vayas a blanquear las yemas. Dará mucho más cuerpo a las natillas.

CÓCTELES DE INVIERNO

Si estás harto de tomar siempre cava o champán en las celebraciones navideñas, aquí te traigo unas propuestas un tanto diferentes. Por un lado, el ponche de huevo y el *glühwein* son dos bebidas perfectas para tomar antes de la cena de Nochebuena, para ir abriendo el apetito. Por otro lado, el coquito o el zumo de arándanos rojos con chispa son perfectos para degustar en la sobremesa. ¡Tus invitados quedarán encantados, sin duda!

Nota

En el ponche de huevo los huevos no se cocinan, así que no deberían tomarlo las embarazadas, los niños ni los ancianos, salvo que se prepare con clara y yemas pasteurizadas.

Zumo de arándanos rojos... ¡con chispa!
Para 4 personas

240 ml de vodka (yo uso Absolut)
300 ml de zumo de arándanos rojos
un chorrito de ginger ale
cubitos de hielo

Para decorar el vaso
5 bastones de caramelo
50 ml de agua
50 g de azúcar

Coquito
Para 4 personas

1 yema de huevo
150 ml de leche evaporada
200 ml de leche de coco
200 ml de leche condensada
70 ml de ron blanco o de coco
una pizca de clavo molido
una pizca de canela

Para decorar el vaso
3 cucharadas de coco rallado
50 ml de agua

50 g de azúcar
ramitas de canela

Ponche de huevo
Para 4-6 personas

3 huevos medianos, separadas las yemas de las claras
75 g de azúcar
250 ml de leche
60 ml de bourbon (yo uso Jack Daniels)
30 ml de ron blanco
30 ml de coñac (Hennessy o Remy Martin nunca fallan)
375 ml de nata de montar de 35 % MG, bien fría
canela en polvo para decorar

Glühwein
Para 4 personas

750 ml de vino tinto
250 ml de agua
4 clavos
2 ramitas de canela
2 estrellas de anís
piel de limón y naranja
5 cucharadas de azúcar

Zumo de arándanos rojos... ¡con chispa!

1 En un cazo, hervimos el agua con el azúcar, retiramos y dejamos templar. Colocamos en un plato un bastón de caramelo finamente triturado. Mojamos los bordes de la copa en el sirope y los pasamos por el caramelo triturado.

2 Para preparar el cóctel, mezclamos bien el vodka, el zumo de arándanos rojos y el ginger ale con el hielo en una coctelera. Servimos bien frío en las copas y decoramos con un bastón de caramelo. ¡Ojo, el bastón se coloca justo antes de servir o se deshará!

Coquito

1 A fuego lento calentamos la yema con la leche evaporada, sin dejar de remover, hasta que alcance los 73 °C y quede un poco espesa. Pasamos la mezcla a una batidora de vaso y, mientras se templa, decoramos la copa con coco rallado.

2 Una vez que la mezcla se ha enfriado, añadimos también la leche condensada, el ron, la leche de coco y las especias a la batidora de vaso. Mezclamos todo durante 30 segundos en la batidora. Refrigeramos. Servimos muy frío acompañado con una ramita de canela.

Ponche de huevo

1 Batimos las yemas y el azúcar en un bol durante 3 minutos o hasta que se blanqueen. Incorporamos la leche y mezclamos muy bien. Cuando la mezcla sea homogénea, añadimos el bourbon, el ron y el coñac. Refrigeramos entre 4 y 5 horas.

2 Batimos las claras a punto de nieve y anadimos a la mezcla anterior con movimientos envolventes. Después montamos la nata y mezclamos la mitad de la misma con el resto del ponche de huevo. Servimos de inmediato, decorado con el resto de la nata montada y un poco de canela en polvo.

Glühwein

1 Ponemos todos los ingredientes menos el azúcar en un cazo y calentamos a fuego medio durante 1 hora, hasta que el vino esté bien infusionado, pero sin que llegue a hervir. Yo procuro mantenerlo a unos 70 °C.

2 Retiramos el cazo del fuego, añadimos el azúcar, revolvemos hasta que se disuelva y a continuación lo colamos y servimos bien caliente en tazas. Podemos acompañar con un chupito de ron o de nuestro licor favorito. Decoramos con ramitas de canela.

COULANT DE CHOCOLATE

Rapidísimo de preparar y sin complicaciones... Desde que descubrí esta sencilla forma de poder disfrutar de un delicioso coulant, no he parado de hacerlo como postre para comidas y cenas en familia. Puedes dejar lista la masa con antelación y justo antes de servir el segundo plato, meter los coulant en el horno. Y si te gusta experimentar, prueba lo siguiente: llena un tercio de cada molde con la masa del coulant, pon encima una buena cucharada de dulce de leche, Nutella o mantequilla de cacahuete y cubre con otra capa de masa, sin llenar el recipiente más de dos tercios. ¡Es una bomba!

Para 4 personas
180 g de chocolate negro
125 g de mantequilla
2 huevos medianos
180 g de azúcar
3 cucharadas de harina

Precalentamos el horno a 180 °C y engrasamos cuatro flaneras o ramequines.

Troceamos el chocolate negro y lo derretimos con la mantequilla, con cuidado de que no se queme la mezcla. Dejamos templar.

Por otro lado, batimos muy bien los huevos con el azúcar y la harina, hasta tener una mezcla homogénea. Incorporamos poco a poco el chocolate fundido con la mantequilla.

Repartimos la mezcla en los ramequines sin llenarlos más de dos tercios.

Horneamos entre 13 y 15 minutos (dependerá del molde utilizado y del horno), hasta que los bordes entén bien cocidos pero el centro esté todavía líquido.

Servimos caliente, acompañado con helado de vainilla o nata montada.

AGRADECIMIENTOS

A mis padres, como siempre, por todo. En este caso os agradezco especialmente
vuestra tarea como catadores... sé que ha sido más ardua que nunca y aun así
no os habéis quejado ni una vez de estar empachados. Sois lo máximo.

A mi pollito, Lucas, ¡no sé entender mi vida sin ti!
Gracias por tener más paciencia que nunca durante estos meses. Eres un santo.

A Bruno, por haber esperado pacientemente dentro de mi tripa mientras yo
echaba horas y horas de horneado, ¡y sin haberte quejado por no probar nada! ☺

A Pinky, Minion y Leadville, gracias por estar tan locos como yo.
Me hacéis sentir un poco menos loca. Leñe, ¡es que estáis muy locos!

A Tris, que sepas que estás siempre en mi corazón. Te echo tantísimo de menos...

A Ariadna y Angélica, ¡gracias por hacer de Alma's Cupcakes
el lugar más acogedor del mundo mundial! No sé qué haría sin vosotras.

A mi familia al completo, gracias por seguir aguantando que os cebe con una sonrisa.

A todas las personas que me seguís en redes sociales. Hacéis que nunca me sienta sola.
Gracias por estar siempre ahí. ¡Se os quiere!

A Rosi, Teresa y todo el equipo de Penguin Random House, por haber confiado en mí
incluso cuando os escribía angustiada por los plazos de entrega que mi mente
de embarazada me puso más difícil que nunca cumplir.

A Alfonso Monteserín, por mantener siempre la calma y atender mis emails con tanto cariño
y dedicación.

A Sonia Castelani, eres un cielo total y absoluto.

A todos mis alumnos y alumnas, tanto en Alma's Cupcakes como en el resto de España.
Sois la caña y habéis conseguido que ser profe sea algo absolutamente maravilloso.

A quienes habéis venido a alguna de mis firmas de libros. Vuestro cariño no tiene límite.
Siempre me preguntáis que si no me canso firmando... pues bien, ¡es imposible! Conoceros
y daros un achuchón es tan maravilloso que se me quita cualquier posibilidad
de estar cansada. ¡Nos vemos en las de este libro!

Y finalmente, gracias a quienes habéis decidido comprar este libro, recomendarlo o regalarlo.
Espero que una vez más os guste y encontréis en él recetas muy útiles.

ÍNDICE DE INGREDIENTES

Primera edición: octubre de 2016
Segunda edición: noviembre de 2016

© 2016, Alma Obregón, por el texto y las fotografías
© 2016, para la presente edición en castellano para todo el mundo:
Penguin Random House Grupo Editorial, S.A.U.
Travessera de Gràcia, 47-49. 08021 Barcelona

Diseño de tripa y cubierta:
Meritxell Mateu / Penguin Random House Grupo Editorial

Printed in Spain – Impreso en España

ISBN: 978-84-16449-54-5
Depósito legal: B-15.467-2016

Impreso en Gráficas 94, S.L.
Sant Quirze del Vallès (Barcelona)

DO49545

Penguin
Random House
Grupo Editorial